KLEEBLATT Bayern

Das Sachbuch 2

Schroedel

Inhalt

4/5	Erinnerungen an den ersten Schultag
6/7	Mädchen und Buben
8	Eine Verabredung
9	Mitmachen oder Nein sagen
10/11	So ernähren wir uns richtig
12/13	Wir feiern gemeinsam Geburtstag
14/15	Wir kaufen Obst und Gemüse
16	Wir unterscheiden Obst
17	Wir bereiten Obstsalat und Obstsaft
18/19	Welche Gemüseteile essen wir?
20/21	Nahrungsmittel enthalten Nährstoffe
22/23	Geld und Arbeit
24/25	Wünsche
26/27	Tagesläufe
28/29	Was wir in unserer Freizeit tun können
30/31	Umgangsformen und Regeln
32/33	Entscheidungen finden
34/35	Das Zwergkaninchen
36	Ein Haustier für eure Familie?
37	Das verkehrssichere Fahrrad
38/39	Sicher im Verkehr
40/41	Beobachte das Leben in der Hecke
42/43	Was lebt in der Hecke?
44/45	Die Amsel
46/47	Blütenpflanzen der Hecke

48/49	Heckensträucher kennen lernen
50/51	Entwicklung von der Blüte zur Frucht
52	Wir vermehren Heckenrosen
53	Heckenfrüchte
54/55	Uhren betrachten und erproben
56/57	Die Stunden unterteilen
58/59	Eine Zeitleiste herstellen
60/61	Wir erkunden die Schulumgebung
62/63	Die Kinder vergleichen ihre Ergebnisse
64/65	Vom Modell im Sandkasten zum Plan
66/67	Wir benötigen Wasser
68	Wir brauchen viel Wasser
69	Trinkwasser muss sauber sein
70/71	Erfahrungen mit Wasser
72/73	Schwimmen und Sinken
74/75	Wasser kann sich verwandeln
76	Gefährliche Flüssigkeiten
77	Wasserlösliche – wasserunlösliche Stoffe
78/79	Stoffe mischen – Stoffe trennen
80/81	Einfluss von Wärme und Kälte
82/83	Warm oder kalt?
84/85	Wir messen Temperaturen
86/87	Stichwortverzeichnis

Erinnerungen an den ersten Schultag

Das Bild zeigt die Klasse 1c mit ihrer Lehrerin am ersten Schultag. Seit diesem Tag ist über ein Jahr vergangen. Die Kinder sind bereits in der 2. Klasse.
Das Klassenbild hilft ihnen, sich an ihren Schulanfang zu erinnern.

1. Die Kinder und ihre Lehrerin denken an ihren ersten gemeinsamen Schultag zurück. Erzähle, woran sie sich erinnern.

2. Denke an deinen ersten Schultag. Woran erinnerst du dich?

4

Tina erinnert sich an ihren ersten Schultag. Sie möchte aber noch mehr darüber erfahren. Deshalb fragt sie ihre Mutter, woran sie sich noch erinnert?

An deinen ersten Schultag erinnere ich mich genau. Papa und ich nahmen uns extra einen Tag Urlaub, um dich zur Schule begleiten zu können. Du konntest es kaum erwarten, in die Schule zu kommen. Deine Büchertasche und deine Schultüte hast du ganz stolz getragen. Besonders froh warst du, dass du dich neben deine Freundin Marie setzen durftest.
Als wir nach Hause kamen, machtest du sofort deine Hausaufgaben. Du musstest deine Schultüte malen. Warte mal, ich zeige dir etwas!

Diese Dinge helfen, Tina sich zu erinnern.

3 Erzähle, wer dir etwas über deinen ersten Schultag erzählen kann. Frage nach.

4 Suche Gegenstände, die dich an deinen ersten Schultag erinnern.

5 Gestaltet eine kleine Ausstellung. Erzählt dazu.

6 Führt andere Kinder durch eure Ausstellung.

Mädchen und Buben

Es ist Pause. Alle Mädchen und Buben tummeln sich auf dem Pausenhof. Manche Kinder spielen fröhlich zusammen, andere sind allein.

1 Auf dem Pausenhof sind viele Mädchen und Buben zu sehen. Erzählt.

2 Spielen bei euch in der Pause auch Buben und Mädchen miteinander?

3 Sucht euch eine Situation aus. Überlegt, was die Kinder denken, sagen und fühlen.

4 Spielt die Situation.

Stefan   Erkan   Sonja   Andreas   Felix   Tina

Verena   Bernd   Klaus   Jochen   Markus   Sabine   Elena

Der Nummernwettlauf im Sportunterricht ist vorbei. Es gibt Gewinner und Verlierer.

1 Betrachtet die Bilder. Wie fühlen sich die Kinder?

2 Überlegt, was die Kinder wohl sagen.

3 Spielt die Geschichte.

Das Mädchen, das du hier siehst, heißt Mürvet. Es stammt aus der Türkei. Seit fast zwei Jahren lebt Mürvet mit ihren Eltern in Deutschland. Eigentlich gefällt es ihr hier ganz gut. Leider ist sie oft allein zu Hause, weil ihre Eltern arbeiten. Wenn sie allein ist, hat sie manchmal Angst. Mürvet denkt oft an ihre Freundin Ebru und an das kleine Dorf, in dem sie in der Türkei lebte. In den Sommerferien fährt sie mit ihren Eltern in die Türkei. Dann sieht sie ihre Freundin endlich wieder. Mürvet freut sich schon sehr darauf.

4 Lest den Text genau. Besprecht, wie sich Mürvet fühlt.

Eine Verabredung - Mitmachen oder Nein sagen

Kommst du heute Nachmittag mit mir schwimmen?

Ja, gern.

Wir spielen heute Nachmittag Fußball. Machst du mit?

Na klar. Ich bin dabei.

Am Nachmittag geht Klaus mit Jochen zum Fußballspielen. Anna bleibt allein zurück.

1 Vermute, was Anna fühlt und denkt.

Die Geschichte hätte auch anders verlaufen können.

1 Betrachtet das Bild.
Wie hätte es weitergehen können?

2 Überlegt, was die Kinder wohl sagen.

3 Spielt die Geschichte.

"Kommt, wir gehen noch ein bisschen auf den Spielplatz!"

"Ich weiß nicht!"

"Ja!"

"Nein!"

"Stellt euch nicht so an! Was ist denn schon dabei?"

"Wenn ich mitgehe, macht sich meine Mutter Sorgen."

"Wenn ich nicht mitgehe, spielen die anderen Kinder nicht mehr mit mir."

"Wenn ich nicht pünktlich nach Hause komme, gibt es Ärger."

"Wenn ich nicht mitgehe, denken meine Freunde, dass ich feige bin."

"Nein! Für heute habe ich genug geschaut!"

Gleich geht's weiter

1. Überlegt Gründe für die verschiedenen Antworten der Kinder.

2. Peter überlegt. Besprecht, was er wohl sagen wird.

3. Spielt, wie die Geschichte ausgeht.

4. Überlege! In welchen Situationen solltest du „Nein!" sagen? Nenne Beispiele.

So ernähren wir uns richtig

Jeden Tag brauchen wir vielseitige Nahrung. Sie sollte wenig Fett und wenig Zucker enthalten. Wichtig ist auch, dass man nicht zuviel oder zuwenig isst.

Um gesund zu bleiben brauchen wir täglich: Obst und Gemüse, Getreideprodukte (Vollkornbrot, Reis, Nudeln, Müsli), Milch und Milchprodukte (Joghurt, Quark, Käse), fettarme Wurst oder mageres Fleisch und Fisch.

Viele Nahrungsmittel enthalten nur wenige wertvolle Inhaltsstoffe, aber zuviel Zucker und Fett. Besonders zuckerhaltige Nahrungsmittel gefährden die Zähne. Wenn du solche Dinge aber nur selten und in kleinen Mengen isst, sind sie nicht schädlich.

MAX:
- Morgen: —
- Vormittag: Kekse mit Schokokreme
- Mittag: 2 Hamburger mit Pommes, Cola
- Nachmittag: Tüte Chips, Tafel Schokolade
- Abend: 2 Semmeln mit Wurst und Majonäse

FLORIAN:
- Morgen: Müsli mit Obst, Milch
- Vormittag: Käsesemmel, Apfel, Orangensaft
- Mittag: Schnitzel und Pommes, Salat
- Nachmittag: Müsliriegel
- Abend: Vollkornbrot mit Wurst, Früchtetee

1 Vergleiche die Speisepläne von Max und Florian!

2 Schreibe an drei Tagen auf, was du isst und trinkst!

Ein gemeinsames Schulfrühstück

1 Sprecht ab, was jedes Kind mitbringt. Achtet auf vielseitige, gesunde Nahrung.

Es gibt Getränke, denen siehst du nicht an, wie viel Zucker sie enthalten.

Hier erhälst du einige Tipps, wie Essen mehr Freude machen kann.

Iss regelmäßig zur gleichen Zeit.

Lass dir beim Essen Zeit und schlinge nicht alles hinunter.

Wenn du süße Sachen magst, dann wähle dir etwas Besonderes aus und genieße es ganz bewusst.

1 Überlege, in welchen Getränken viel Zucker versteckt ist.

2 Suche dir einen Tipp aus und versuche ihn zu erklären.

(1)

(2) „Dein Zimmer sieht aus..., immer nur Ärger mit dir..."

(3) „Warum nörgelt Mama immer an mir herum?"

(4) „Ich verstehe das einfach nicht!"

(5)

(6) „Immer isst sie Schokolade... Die ist ja schon süchtig danach!"

3 Überlege, warum Ulla immer Süßigkeiten isst?

4 Was meint Ullas Bruder, wenn er denkt: „Die ist ja schon süchtig danach!"

Wir feiern gemeinsam Geburtstag

Wir backen Kartoffelpizza

1. Fettet das Backblech mit etwas Margarine ein.
2. Schneidet die Pellkartoffeln in dünne Scheiben und verteilt sie dachziegelartig auf dem Blech.
3. Schneidet den Kochschinken, die gewaschenen Tomaten und die hart gekochten Eier klein und verteilt sie gleichmäßig auf den Kartoffeln.
4. Würzt eure Pizza mit Oregano, Petersilie, Knoblauch, Pfeffer und etwas Salz.
5. Bestreut sie mit dem geriebenen Käse.
6. Backt die Pizza bei 180° etwa 10 bis 15 Minuten im vorgeheizten Backofen.

Für eine Kartoffelpizza braucht ihr:
750g Pellkartoffeln, 150g Kochschinken, 500g Tomaten, fünf hart gekochte Eier, ein Teelöffel Oregano, ein Esslöffel gehackte Petersilie, Knoblauch und etwas Salz, Pfeffer, 250g geriebener Edamer Käse

Dazu schmeckt ein Glas Apfelsaft und als Nachtisch Obstsalat.

Wir basteln „Namensschiffchen" für die Tischdekoration.

① 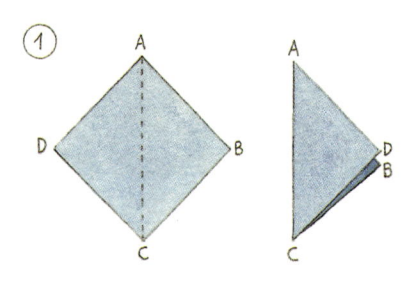 Falte ein quadratisches Stück Papier zu einem Dreieck.

② 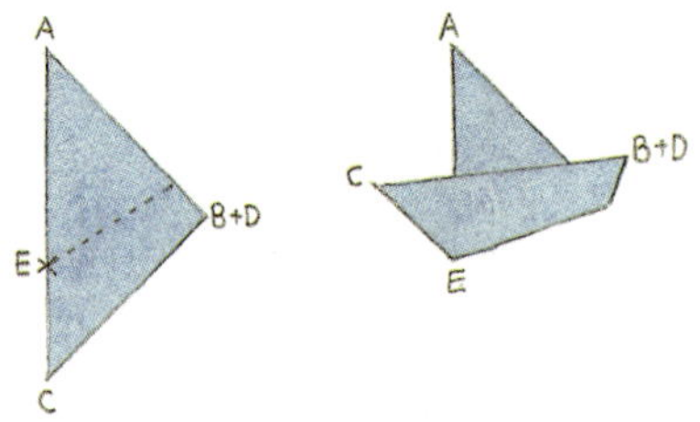 Dann faltest du Punkt C über E nach oben.

③ 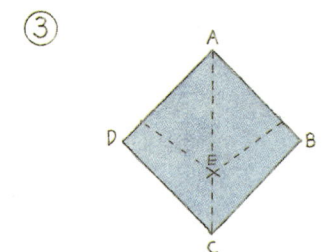 Klappe das Dreieck wieder auf.

④ 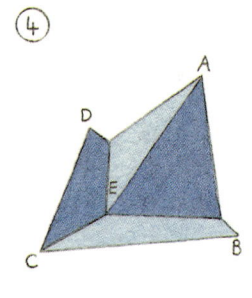 Drücke die Falte AE nach oben, so dass ein Schiffchen entsteht.

⑤

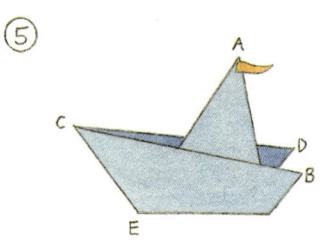

⑥

Nun kannst du in Punkt A noch ein Fähnchen ankleben. Als letztes wird der Name auf das Schiffchen geschrieben.

Zu einem festlichen Essen gehört ein schön gedeckter Tisch. Es gibt viele Möglichkeiten:

1 Womit wurde der Tisch geschmückt?

2 Nenne weitere Möglichkeiten.

Richtiges Verhalten bei Tisch:

a) *Wisch dir den Mund mit der Serviette ab.*

b) *Iss mit Messer und Gabel.*

c) *Sprich nur mit leerem Mund.*

5) *Sitz gerade am Tisch.*

3 Ordne jedem Bild die richtige Regel zu.

4 Welche Kinder verhalten sich richtig, welche falsch?

In anderen Länder, zum Beispiel Japan, herrschen andere Tischsitten.

1 Vergleicht die japanischen Tischsitten mit unseren.

2 Kennt ihr noch andere Tischsitten?

Wir kaufen Obst und Gemüse

Blumenkohl (Deutschland)
Salat (Spanien)
Paprika (Belgien)

Gurken (Niederlande)
Tomaten (Italien)
Radieschen (Dänemark)

Im Supermarkt, Lebensmittelgeschäft oder auf dem Wochenmarkt werden viele Obst- und Gemüsesorten angeboten. Manche werden in der Umgebung angebaut. Andere kommen aus südlichen Ländern, weil sie viel Sonne und Wärme zum Wachsen brauchen. Diese Obst- und Gemüsesorten werden über lange Wege nach Deutschland transportiert.

1 Zählt auf, welche Obst- und Gemüsesorten an diesem Stand angeboten werden. Nennt auch das Herkunftsland.

2 Erkundigt euch bei Gemüse- oder Obstbauern, was sie anbauen.

3 Wie kommen Äpfel und Bananen zu uns auf den Markt? Vergleicht.

Melonen
(Griechenland)

Bananen
(Honduras)

Kiwis
(Griechenland)

Pfirsiche
(Italien)

Spargel
(Frankreich)

Äpfel
(Deutschland)

Zitronen
(Portugal)

Orangen
(Spanien)

Wir unterscheiden Obst

Apfel, Kirsche, Stachelbeere, Johannisbeere, Brombeere, Pflaume, Himbeere, Erdbeere, Birne

Banane, Kiwi, Ananas, Mandarine, Feige, Mango, Pfirsich, Orange

Diese Obstsorten wachsen bei uns. Ihr könnt sie in einem Obstgarten oder auch zu Hause im Garten finden.

1 Besucht einen Obstgarten im Sommer oder Herbst.

2 Schreibt auf, welche Obstsorten es dort gibt. Vielleicht könnt ihr einige probieren.

Diese Obstsorten kommen aus anderen Ländern. Ihr könnt sie im Supermarkt, auf dem Markt oder im Obstladen kaufen.

3 Schaut im Supermarkt, Markt oder Obstladen nach besonderen Früchten.

4 Zeichnet Früchte, die ihr gerne esst. Schreibt die Namen dazu.

5 Schneidet verschiedenes Obst in kleine Stücke. Probiert.

6 Probiert mit verbundenen Augen verschiedene Früchte. Versucht die Obstsorten zu erkennen.

16

Wir bereiten Obstsalat und Obstsaft

So könnt ihr einen leckeren Obstsalat zubereiten: Nehmt möglichst viele verschiedene Obstsorten: Bananen, Äpfel, Birnen, Orangen, Kiwis, Trauben, Erdbeeren, …

So könnt ihr frischen Obstsaft herstellen.

Übrigens:

In Gemüse und Obst sind lebenswichtige Vitamine. Dein Körper braucht sie, um gesund und fit zu bleiben.
Deshalb solltest du jeden Tag frisches Obst und Gemüse essen oder Obstsaft trinken.

Welche Gemüseteile essen wir?

1 Welche Gemüsesorten wachsen in diesem Garten?

2 Besucht einen Gemüsegarten. Schreibt auf, welche Gemüsesorten es dort gibt.

Blatt   *Stängel*   *Wurzel*   *Frucht*

Nicht alle Teile eines Gemüses sind essbar. Deshalb essen wir von manchem Gemüse nur den Stängel oder die Blätter, von anderem nur die Wurzel oder die Frucht.

Karotten   *Gurke*   *Kopfsalat*   *Radieschen*

Bohnen   *Tomaten*   *Spargel*   *Blaukraut*

3 Nenne den Namen des Gemüses und den essbaren Teil.

▶ **Übrigens:** ◀

Vom Blumenkohl essen wir die Blüte.

Kohlrabi   *Zucchini*

Spinat

4 Welche Teile essen wir von diesen Gemüsesorten?

Wir bereiten eine Gemüseplatte

Gemüse waschen, putzen und in Streifen schneiden.

Tipp zum Würzen: 	Tipp zum Dippen: 	Jogurt in eine Schüssel geben, gemischte Kräuter (Schnittlauch, Petersilie...) klein hacken und zugeben, etwas Salz und Pfeffer dazu - fertig!

Wir kochen eine Gemüsesuppe

Das Gemüse waschen, putzen und in Würfel schneiden.

Gemüse in einen Topf geben, mit Wasser auffüllen, Brühwürfel dazu, dann etwa 20 Minuten kochen lassen ...

Guten Appetit!

Achtung! Beim Kochen muss ein Erwachsener mit dabei sein!

Nahrungsmittel enthalten Nährstoffe

In einem Kreis sind unsere Grundnahrungsmittel zusammengefasst. Er heißt Ernährungskreis. Es werden sieben Gruppen unterschieden:

1. Getreide, Getreideprodukte und Kartoffeln
2. Hülsenfrüchte und Gemüse
3. Obst
4. Getränke
5. Milch und Milchprodukte
6. Fisch, Fleisch und Eier
7. Fette und Öle

Die Nahrungsmittel aus den sieben Gruppen enthalten zusammen die Nährstoffe, die der Körper braucht. Jeden Tag benötigt unser Körper alle Nährstoffe. Wenn du dich richtig ernähren willst, solltest du aus jeder Gruppe Nahrungsmittel auswählen.

Die Größe der Gruppen gibt dir eine Hilfe, wovon du wenig und wovon du mehr essen sollst: viel Obst, Gemüse und Getreide, aber wenig Fett.

Anna hat zum Geburtstag Geld geschenkt bekommen.
Sie überlegt, was sie mit dem Geld machen möchte.

▶ Übrigens:

Nicht alle Menschen, die arbeiten, bekommen dafür Geld!

Die Mitglieder der freiwilligen Feuerwehr bekommen für ihre Einsätze keinen Lohn. Sie arbeiten ehrenamtlich.
Befragt Feuerwehrleute über ihre Tätigkeiten und Aufgaben.

Für ihre Arbeit im Haushalt werden Eltern nicht bezahlt. Oft erledigen sie diese Aufgaben zusätzlich zu ihrem Beruf. Wenn du ihnen hilfst, haben sie es etwas leichter.

Wünsche

Jeder Mensch hat Wünsche. Sie können klein oder groß sein. Manche Wünsche kann man sich erfüllen, wenn man genügend Geld hat, zum Beispiel ein Spielzeug kaufen.

Es gibt aber auch Wünsche, die man nicht mit Geld erfüllen kann. Oft bemerken wir das erst, wenn unser Leben eine Weile nicht so glücklich verläuft.

1. Welche Wünsche haben die beiden Kinder? Erzähle.

2. Überlege, welche Wünsche mit Geld zu erfüllen sind. Nenne sie.

3. Welche Wünsche kann man nicht mit Geld erfüllen?

4. Notiere deine drei wichtigsten Wünsche. Vergleiche sie mit den Wünschen anderer Kinder.

Tagesläufe

Martin macht sich Gedanken, wie ein normaler Wochentag für ihn verläuft. Um besser zu erkennen, welche Dinge er wann und wie lange macht, zeichnet er sie in eine Tagesleiste ein. Die Tagesleiste ist in 24 Stunden eingeteilt. Dann fragte er seine Mutter und seinen Vater, was sie an diesem Tag gemacht haben und zeichnet zwei weitere Tagesläufe. Martin ist überrascht, als er die Tagesläufe der Eltern mit seinem Tageslauf vergleicht.

1 Beschreibe, wie Martin den Tag verbracht hat.

2 Wie lange war Martin in der Schule und wie lange machte er Hausaufgaben?

3 Schreibe auf, was Martin in seiner Freizeit unternahm.

4 Beschreibe die Tagesläufe der Eltern. Vergleiche sie mit dem Tageslauf von Martin.

5 Wie viel Freizeit hatten die Eltern?

6 Trage deinen Tageslauf in eine Zeitleiste ein.

7 Befrage deine Eltern oder Verwandte und trage ihre Tagesabläufe in Tagesleisten ein. Vergleiche sie mit deiner Tagesleiste.

8 Von Montag bis Freitag unterscheiden sich die Tagesläufe nur wenig. Was ist am Wochenende oder in den Ferien anders?

Übrigens:

Tagesläufe können sehr unterschiedlich sein. Manche Menschen haben jede Woche andere Arbeitszeiten. Sie arbeiten mal frühmorgens, mittags, nachmittags, abends oder nachts.

In manchen südlichen Ländern ist es in der Mittagszeit sehr heiß. Deshalb wird diese Zeit oft zum Schlafen oder Ausruhen genutzt. In der Regel wird dort am frühen Morgen und am Nachmittag gearbeitet. Die Freizeit genießen Erwachsene und Kinder bis spät in den Abend.

Was wir in unserer Freizeit tun können

Martin langweilt sich. Er sagt: „In unserem Ort ist nichts los. Ich mache den Fernseher an." Verena antwortet: „Lass den Fernseher aus. Ich habe ein Heft, in dem steht, was es in unserem Ort an Freizeitangeboten gibt. Komm, wir schauen mal nach."

1 Was wird im Freizeitprogramm des Ortes angeboten?

2 Informiert euch, welche Freizeitangebote es in eurem Ort gibt.

Während der Ferien habe alle Kinder viel Zeit um etwas zu unternehmen. In vielen Orten gibt es deshalb ein besonderes Ferienprogramm für Kinder.

3 Besorgt ein Ferienprogramm eures Ortes. Schaut nach, was euch interessiert.

Tipp: Bei vielen Veranstaltungen der Ferienprogramme müsst ihr euch frühzeitig anmelden, wenn ihr mitmachen wollt.

Ferienangebote für die Kinder unserer Stadt
- Ponyreiten
- Tischtennisturnier
- Schwimmen
- Waldwanderung
- Besuch bei der Feuerwehr
- Töpfern
- Ausflug zum Stausee

Kinder und Hobbys

1 Welche Hobbys werden vorgestellt?

2 Was haben die Kinder dafür mitgebracht?

3 Stelle dein Hobby in der Klasse vor.

Samstag, 5. Mai 1951
Heute mußte ich schon vor der Schule meiner Mutter im Haushalt helfen. Nach der Schule half ich meinem Vater im Garten. Dann mußte ich auf meine Geschwister aufpassen. Um halb sechs gingen wir alle gemeinsam in die Maiandacht. Vor dem Schlafen durften wir im Wohnzimmer noch eine Stunde Radio hören.

Sonntag, 6. Mai 1951
Heute war ein ganz besonderer Tag. Deshalb stand ich auch bereits um fünf Uhr auf.

Tagebuch von Maria Schichtl (8 Jahre)

Vor etwa 50 Jahren haben die Menschen ihre Freizeit anders verbracht als heute.

1. Das obere Bild zeigt, wie Menschen in einer Stadt den Sonntag verbrachten. Beschreibe das Bild. Vergleiche mit heute.

2. Lies die Seite aus dem Tagebuch. Vergleiche Marias Tageslauf mit deinem Tageslauf an einem Samstag.

3. Befrage deine Eltern und Großeltern, was sie früher in ihrer Freizeit gemacht haben.

Umgangsformen und Regeln

Entschuldigung, dass ich zu spät komme.

Bitte, greift doch zu!

Kann ich noch etwas Nachspeise haben?

Möchtest du noch etwas haben?

Nein, danke. Ich bin satt.

Sprich bitte nicht mit vollem Mund!

Ja, bitte.

Soll ich dir helfen?

Könnest du mir einen Gefallen tun?

Aber gerne.

Igitt, schon wieder Gemüse!

Entschuldigung, ich habe nicht aufgepasst.

Wir stehen erst vom Tisch auf, wenn alle mit dem Essen fertig sind.

Familie Huber sitzt beim Abendessen.

1 Lest die Sprechblasen und spielt ein Gespräch.

2 Auf welche Tischsitten achtet Familie Huber? Zählt auf!

3 Welche Regeln gibt es in eurer Familie? Berichtet.

Jeden Morgen nach dem Frühstück kontrolliert Martin seine Büchertasche. Er schaut nach, ob er alles in seine Büchertasche getan hat, was er in der Schule braucht. Zum Schluss packt er sein Pausenbrot ein. Dann macht er sich auf seinen Schulweg.

1 Was tust du jeden Morgen aufs Neue? Erzähle.

Immer wenn ein Kind in Martins Klasse Geburtstag hat, wird in der Schule gefeiert. Alle Kinder sitzen im Kreis. Auf einem Tisch stehen Blumen und eine Kerze. Nach dem Geburtstagslied darf sich das Geburtstagskind immer eine Vorlesegeschichte wünschen. Zum Schluss darf es die Kerze ausblasen.

2 Wie wird in deiner Klasse Geburtstag gefeiert? Vergleiche.

Jeden Abend wird Martin von seinem Vater ins Bett gebracht. Zuerst erzählt Martin, was er tagsüber erlebt hat. Dann liest ihm sein Vater eine Geschichte vor.
Jeden Abend geben ihm die Eltern einen Gute-Nacht-Kuss und sagen: „Schlaf gut!".

Übrigens:

In Deutschland reicht man sich zur Begrüßung die Hand.
In Frankreich begrüßt oder verabschiedet man sich mit einem Wangenkuss.
Eskimos reiben zur Begrüßung ihre Nasen aneinander.

Entscheidungen finden

Es ist Sonntag. Eigentlich wollte Familie Bauer zum Wandern. Aber es regnet ununterbrochen. Eltern, Kinder, Grosseltern überlegen gemeinsam, was sie tun können.

Vater würde gerne mit der ganzen Familie in Museum gehen.

Mutter möchte in Ruhe ein Buch lesen.

Johannes würde sich am liebsten mit dem Computer spielen.

Sabine will unbedingt ins Kino gehen.

Tobias möchte wie immer ins Erlebnisbad.

Oma würde gerne „Mensch-ärgere-dich-nicht" spielen.

Opa schlägt vor, den Tierfilm im Fernsehen anzuschauen.

1 Lest die Vorschläge vor und spielt das Gespräch.
Sucht eine gemeinsame Entscheidung.

2 Worüber könnt ihr in eurer Familie mit entscheiden? Erzählt.

3 Überlegt, warum ihr über manche Dinge nicht mit entscheiden könnt? Fragt auch eure Eltern.

In einer Familie gibt es viel zu tun. Alle helfen mit. Die Arbeit ist schneller erledigt. Es bleibt mehr Zeit für gemeinsame Unternehmungen.

1 Welche Aufgaben würdest du lieber übernehmen?

2 Welche Arbeiten erledigst du gar nicht gerne?

Das Zwergkaninchen

Zwergkaninchen sind niedlich. Sie haben ein weiches Fell und lassen sich gerne streicheln. Ein Zwergkaninchen fühlt sich nur wohl, wenn es regelmäßig versorgt wird. Es darf nicht den ganzen Tag im Käfig bleiben, sondern braucht täglich Auslauf. Der Käfig muss regelmäßig sauber gemacht werden.
Jeden Tag bekommt ein Zwergkaninchen Trockenfutter, frisches Grünfutter und frisches Wasser. Seine vier großen Nagezähne wachsen ständig. Deshalb braucht es immer etwas Hartes zum Nagen.

1. Berichte, was du schon über Zwergkaninchen weißt.

2. Was kannst du einem Zwergkaninchen zum Nagen geben?

Zwergkaninchen sind nicht gern allein. Sie vertragen sich gut mit Meerschweinchen. Besonders wohl fühlen sich Zwergkaninchen und Meerschweinchen draußen an der frischen Luft.

3 Erkundige dich, was du beachten musst, wenn du Zwergkaninchen oder Meerschweinchen im Freien halten willst.

Wenn man ein Haustier hält, fallen Kosten an.

4 Informiere dich, was ein Kaninchen oder Meerschweinchen alles benötigt.

5 Welche Kosten fallen nur einmal an? Welche Kosten fallen öfter, wöchentlich oder täglich an?

Ein Zwergkaninchen in der Klasse:

1 Verhaltet euch ganz ruhig.
2 Vielleicht kommt das Kaninchen zu euch. Dann dürft ihr es vorsichtig streicheln.
3 Beschreibt, wie ein Kaninchen aussieht.
4 Beobachtet die Nase und die Ohren.

▶ **Übrigens:** ◀

Zwergkaninchen sind mit den Wildkaninchen verwandt. Wildkaninchen graben Gänge und Höhlen in die Erde.

Ein Haustier für eure Familie?

	Wellensittich	Katze	Hund	Fische
	Käfig mit Stange, Spiegel, Wanne	Körbchen, Katzenklo, Kratzbaum, Napf, Spielmaus	Körbchen, Leine, Napf, Gummikuchen	Aquarium, Pumpe, Pflanzen, Kies
Futter	Vogelfutter, Wasser, 1 x täglich	Katzenfutter, 2-3 x täglich	Hundefutter, Flocken, Wasser, 2-3 x täglich	Fischfutter, 1 x täglich
Pflege	Käfig reinigen, alle 2-3 Tage	Katzenklo saubermachen, 1 x täglich	Fell bürsten, 1 x pro Woche	Aquarium reinigen, Pumpe sauber machen, 1 x pro Woche
Zuneigung	ansprechen, in der Wohnung fliegen lassen	streicheln, spielen	spazieren gehen, spielen, streicheln, erziehen	

1 Zähle für jedes Tier auf, was gekauft und worauf geachtet werden muss.

2 Vergleicht die Pflege der Tiere. Nennt Unterschiede.

Das muss alles beachtet werden:

1. Ein Tier benötigt einen geeigneten Platz.
2. Ein Tier erfordert viel Zeit für die Pflege.
3. Ein Tier muss jeden Tag versorgt werden.
4. Ein Tier verursacht Kosten.

▶ Übrigens: ◀

Manche Menschen sind allergisch gegen bestimmte Tiere. Durch Haare, Federn oder den Speichel werden sie krank.

In Deutschland gibt es Tierschutzgesetze.

Das verkehrssichere Fahrrad

Damit dein Fahrrad vorschriftsmäßig ausgerüstet ist, müssen folgende Teile vorhanden sein. Sie dienen der Verkehrssicherheit:

1 Überprüfe dein Fahrrad auf Verkehrssicherheit.

1. Klingel
2. Scheinwerfer
3. Frontrückstrahler
4. Vorderradbremse
5. Speichenreflektor
6. Pedalrückstrahler
7. Hinterradbremse
8. Schlussleuchte
9. Rückstrahler
10. Großflächen-Rückstrahler

Damit dein Fahrrad in einem guten Zustand ist und zuverlässig benutzt werden kann, müssen weitere Dinge beachtet werden. Sie dienen der Betriebssicherheit. Einige davon sind hier abgebildet und beschrieben:

Lenker
Lose sitzende Griffe und kantige Lenkerenden sind eine Verletzungsgefahr.

Reifen
Die Reifen müssen genügend Profil haben. Abgefahrene, rissige Reifen sind gefährlich.

Schrauben
Lose und rostige Verbindungen können die Sicherheit verringern.

Kette
Die Kette darf nicht durchhängen. Sie springt dann leicht ab und kann Stürze verursachen.

2 Zähle weitere Beispiele für die Betriebssicherheit auf.

Festgestellte Mängel sollten schnell beseitigt werden!

Nie ohne Fahrradhelm – aber richtig sitzen muss er!

So nicht!

So auch nicht!

So ist es richtig!

Sicher im Verkehr

Max und Anne haben verschiedene Schulwege. Beide müssen auf den Verkehr achten. Einige Stellen sind besonders gefährlich. Sie gehen beide den sichersten Weg zur Schule.

1 Finde die Schulwege von Anne und Max auf dem Bild.

2 An welchen Stellen muss Anne sehr aufmerksam sein?

Gefahren an Ausfahrten und Kreuzungen

1 Betrachte die Fotos. Erzähle wie die Kinder sich verhalten sollen.

3   Wo muss Max besonders aufpassen?

4   Zeige die sichersten Wege für Anne und Max.

5   Wo gibt es gefährliche Stellen auf deinem Schulweg? Male sie.

6   Informiere dich über die oben abgebildeten Verkehrsschilder.

Beobachte das Leben in der Hecke

1. Im Herbst wird die Hecke bunt. Die Blätter und Früchte der Heckensträucher verfärben sich. Aus den Blättern könnt ihr eine bunte Blätterstraße legen.

2. Wer im Winter aufmerksam ist, findet im Schnee Tierspuren. Auch Futterreste verraten, welches Tier dort gefressen hat. Besorgt euch ein Buch über Tierspuren.

3 Im Frühjahr blühen auf dem Boden viele schöne Kräuter. Zeichnet einige Pflanzen ab, damit ihr sie besser kennen lernt!

4 Die Hecke lädt auch zum Spielen ein. Aus Zweigen, Blättern, Steinen und vielen anderem könnt ihr eine Zwergenhütte bauen.

41

Was lebt in der Hecke?

Name: Igel

Nahrung:
Insekten, Würmer, Schnecken, junge Mäuse, Früchte

Besonderes:
Einzelgänger, in der Dämmerung und in der Nacht aktiv, Winterschlaf

Name: Maus

Nahrung:
Gras, Kräuter, Feldfrüchte, Obst, Nüsse

Besonderes:
Lebt in großen Familien, gräbt Gänge in die Erde

Name: Mauswiesel

Nahrung:
Mäuse, manchmal auch Vogeleier und Jungvögel

Besonderes:
Ist so klein, dass es den Mäusen in die Gänge folgen kann

Name: Laufkäfer

Nahrung:
Kleine Insekten, Würmer und Raupen

Besonderes:
Kann schnell laufen, daher sein Name, ist ständig auf Beutefang

Name: Rotkehlchen

Nahrung:
Kleintiere, Beeren, die Jungen werden nur mit Insekten gefüttert

Besonderes:
An dem rotem Fleck an der Kehle zu erkennen, oft sehr zutraulich

Name: Kreuzspinne

Nahrung:
Fliegen, Mücken und andere Kleininsekten, Asseln

Besonderes:
Fängt ihre Beute mit Klebefäden, die zu einem Radnetz versponnen sind.

Wer frisst wen?

Manche Tiere sind Pflanzenfresser, manche ernähren sich von anderen Tieren. Man kann sie in einer Nahrungskette anordnen.

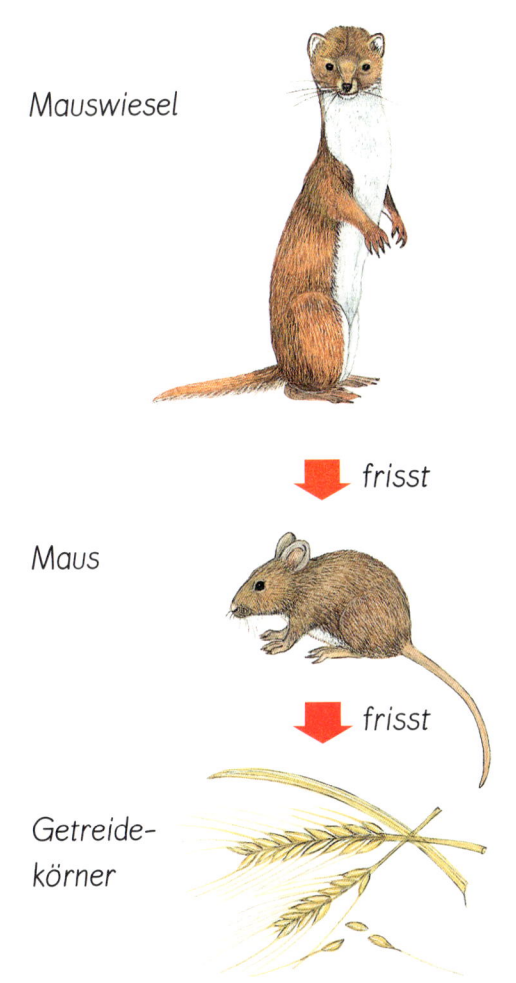

Mauswiesel

↓ *frisst*

Maus

↓ *frisst*

Getreide-körner

1 Erzähle, was die abgebildeten Tiere fressen. Erkläre die Nahrungskette.

Wir schützen Tiere und Pflanzen
Jedes Tier, jede Pflanze der Hecke ist wichtig für diesen Lebensraum. Wir fügen ihnen nicht mutwillig Schaden zu.

Die Amsel

Im Frühjahr baut das Amselpaar ein Nest. Der schwarze Vogel mit dem gelben Schnabel ist das Männchen.
Das Weibchen steht auf dem Nestrand. Bald wird es Eier legen und sie ausbrüten. Die aus den Eiern geschlüpften Jungen sind immer hungrig. Weit reißen sie die Schnäbel auf.

1 Beschreibe, wie das Amselweibchen aussieht?

44

Das Amselpaar füttert seine Jungen mit Würmern und Raupen, manchmal auch mit Käfern oder kleinen Spinnen.
Nach vierzehn Tagen flattern die Jungen aus dem Nest auf den Boden.

Einige Tage später suchen die jungen Amseln selbst nach Nahrung.
Bald fressen sie auch Beeren und Früchte wie die erwachsenen Amseln.

Übrigens:

Star *Singdrossel*

Es gibt Vögel, die den Amseln sehr ähnlich sind: der Star und die Singdrossel.
Sie kommen häufig vor. Vergleiche sie mit der Amsel.

1 Beobachte Amseln.

2 Schreibe auf, was du gesehen hast.

3 Schau dir die Abbildung an. Was wird nur von erwachsenen Amseln gefressen?

Blütenpflanzen der Hecke

Pflanzen in der Hecke beobachtest du am besten im Frühling. Zu dieser Zeit kannst du viele Blüten sehen.

Buschwindröschen

Lerchensporn

Veilchen

Sträucher

Die Sträucher haben im Winter ihre Blätter verloren. Im Frühjahr treiben die Zweige und Äste wieder aus. Neue Blätter wachsen. Viele Kräuter siehst du nur im Frühjahr und Sommer. Ihre Blätter und Stängel verwelken später. Nur ihre Wurzeln und Samen überwintern. Im nächsten Frühjahr treiben sie wieder aus.

Kräuter

Schlüsselblume

Schöllkraut

Leberblümchen

1. Beschreibe das Aussehen der Pflanzen. Vergleiche sie.

2. Male eine Blüte genau ab. Gib das Bild einem anderen Kind. Kann es die Blüte erkennen und den Namen nennen?

Hecken sind wertvolle Lebensräume für Tiere. Sie finden dort Schutz und Nahrung. Jeder soll mithelfen die Hecken zu schützen.

Heckensträucher kennen lernen

Die Sträucher auf dieser Doppelseite sind der Größe nach geordnet. In einer Hecke aber wachsen alle durcheinander. Je mehr, desto besser!

1 Nenne die Namen der Sträucher. Beschreibe ihr Aussehen.

Viele Heckensträucher können sich gegen das Abfressen ihrer Blätter und Zweige wehren. Sie haben Stacheln und Dornen.

2 Betrachte die Sträucher. Welche wehren sich auf diese Weise?

Viele Früchte der Heckensträucher sind essbar. Die Früchte der Heckensträucher schmecken auch den Tieren gut. Sie fressen die Früchte und verbreiten dabei die Samen. Auch beim Fressen der Früchte fallen oft einige Samen auf den Boden.

Manche Tiere sammeln Früchte als Vorrat und vergessen einen Teil. So können wieder neue Heckensträucher heranwachsen.

3 Hier siehst du einige Tiere, die Heckenfrüchte fressen. Schreibe ihre Namen auf.

Brombeere

Schlehe

Heckenrose

Singdrossel

Star

48

▶ **Übrigens:** ◀

Hecken müssen alle paar Jahre zurückgeschnitten werden, damit sie besser wachsen können und dichter werden.

Haselnuss

Holunder

Weißdorn

Eichhörnchen

Amsel

Eichelhäher

Maus

Entwicklung von der Blüte zur Frucht

Hagebutte

Blüte Fruchtknoten grüne Frucht reife Frucht

Die Heckenrose blüht im Mai. Bald fallen die Blütenblätter ab. Der Fruchtknoten ist zuerst klein. Dann wird er immer größer. Im September sind die Hagebutten rot und reif. Die Früchte enthalten Samen und feine Härchen, das „Juckpulver". Die Fruchthülle ist rot und schmeckt süß.

1 Schneide eine reife Hagebutte der Länge nach durch. Zeichne, was du siehst.

Wir kochen Hagebuttenmarmelade

Achtung! Ein Erwachsener muss euch dabei helfen!

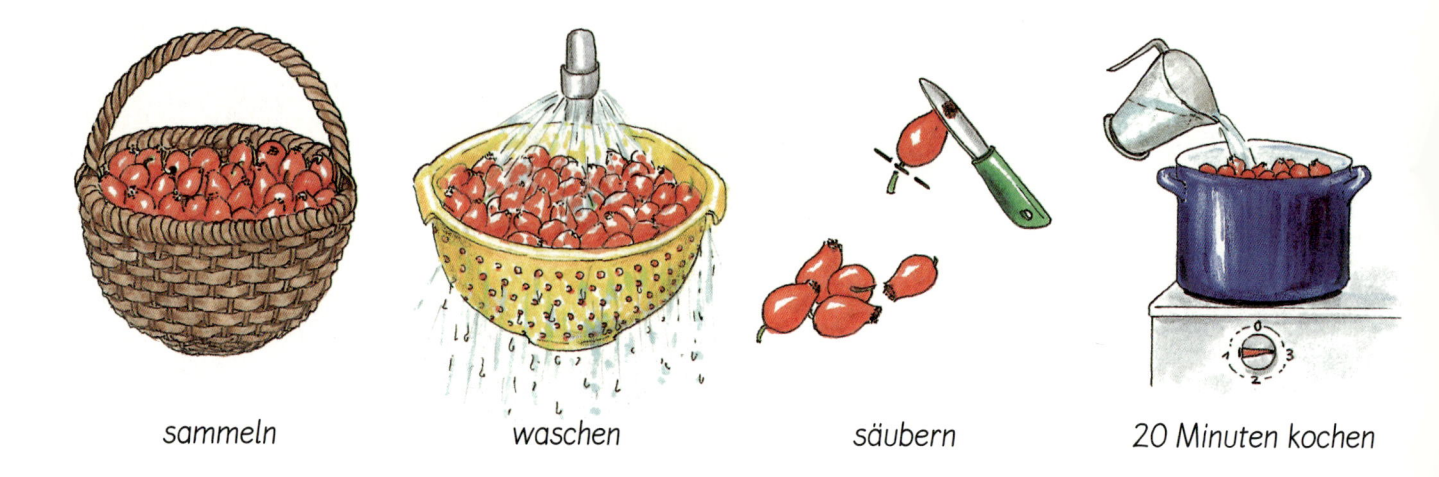

sammeln waschen säubern 20 Minuten kochen

Blüte — Fruchtknoten — grüne Frucht — reife Frucht

Schlehe

Die Schlehen blühen schon im April. Die Blüten sind klein und weiß. Im Oktober werden die Früchte blau und reif.

2 Die Schlehe hat noch einen anderen Namen. Sie heißt auch „Schwarzdorn". Finde eine Erklärung dafür.

Die blauen Früchte schmecken zuerst sehr sauer und bitter. Erst wenn sie einmal Frost bekommen haben, werden sie süßer und für uns genießbar. Die Früchte enthalten einen kleinen harten Kern, den Samen.

Durch ein Sieb streichen!

Vermischen und kurz aufkochen!

Heiß in dicht schließende saubere Gläser füllen!

Hm, das schmeckt!

Wir vermehren Heckenrosen

1. **Steckhölzer schneiden**
   - vor dem Laubaustrieb
   - nicht von ganz altem Holz
   - 10 cm bis 20 cm lang

2. **Erde vorbereiten**
   - die Erde mischen: eine Hälfte Sand und eine Hälfte Gartenerde

3. **Steckhölzer einsetzen**
   - senkrecht hineinstecken
   - die oberen Knospen schauen 1 - 2 cm heraus

4. **Standort**
   - im Freien
   - keine Sonne, kein starker Wind
   - kein Frost
   - Immer feucht halten!
   - Auf keinen Fall Staunässe!

5. **Auspflanzen**
   - im Herbst nach dem Laubfall

Sand *Gartenerde*

angießen

Wasserabzug

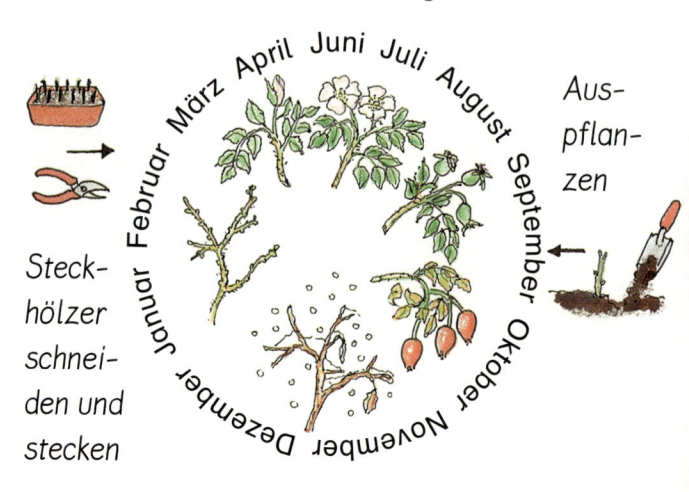

Steckhölzer schneiden und stecken — *Auspflanzen*

Januar Februar März April Juni Juli August September Oktober November Dezember

Heckenfrüchte

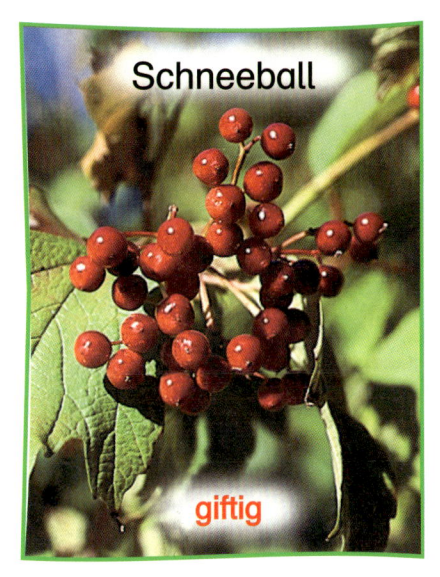

| Pfaffenhütchen | Schneeball | Holunder |
| giftig | giftig | roh ungenießbar |

| Seidelbast | Liguster | Hartriegel |
| giftig | giftig | ungenießbar |

Viele Heckenfrüchte sind ungenießbar oder giftig.
Deshalb gilt immer die Regel: Was ich nicht ganz genau kenne, esse ich nicht!
Die Farbe sagt nicht darüber aus, ob eine Pflanze giftig ist oder nicht.

Übrigens:

Heckenfrüchte können mit den Eiern des Fuchsbandwurms verschmutzt sein. Deshalb müssen alle Früchte vor dem Genuss gewaschen und abgekocht werden.

Uhren betrachten und erproben

Im Schaufenster des Uhrengeschäfts sieht Tina viele verschiedene Uhren: Radiowecker, Standuhr, Kuckucksuhr, Parkuhr, Stoppuhr, Küchenuhr, Armbanduhr, Sanduhr, Wanduhr.

1 Suche die Uhren im Bild.

2 Bringt Uhren von zu Hause mit. Gestaltet eine Uhrenausstellung in der Klasse.

Wir bauen eine Kerzenuhr

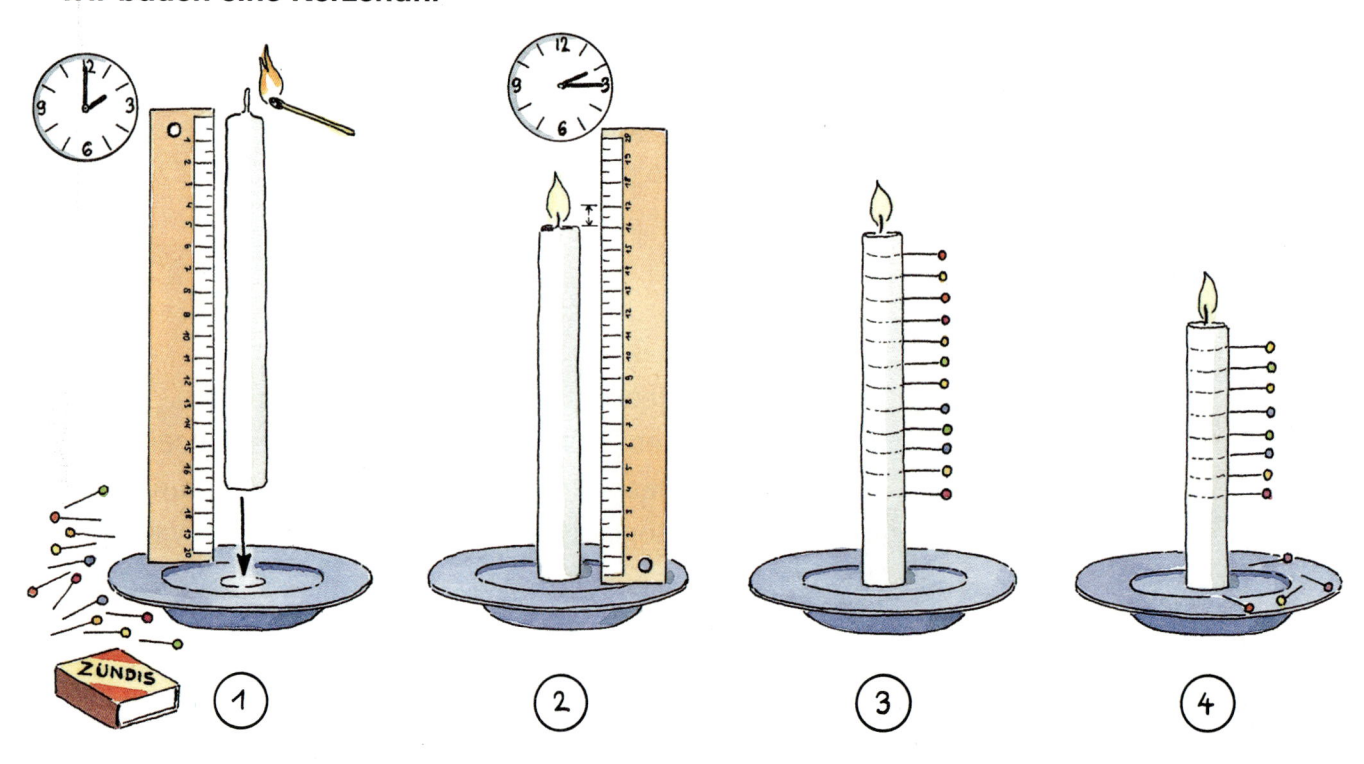

① ② ③ ④

Wir bauen eine Sanduhr

Du brauchst: zwei Gläser mit Schraubdeckel, Hammer, Nagel, Klebstoff, Vogelsand, Sieb, ein kleines Holzbrett

Wir bauen eine Wasseruhr

Die Stunden unterteilen

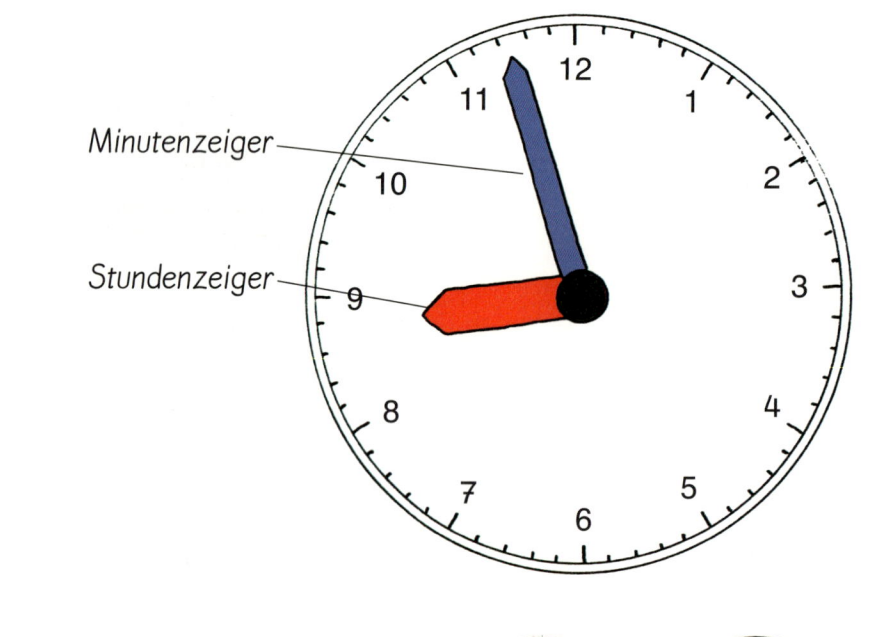

Minutenzeiger

Stundenzeiger

Die Uhr besteht aus dem Ziffernblatt und den Zeigern. Der kürzere Zeiger zeigt die Stunden, der längere Zeiger die Minuten an. Manche Uhren haben auch einen Sekundenzeiger.

Wenn sich der Minutenzeiger einmal ganz um das Zifferblatt herumbewegt hat, ist eine Stunde vergangen. Wenn sich der Stundenzeiger einmal ganz um das Zifferblatt herumbewegt hat, sind zwölf Stunden vergangen.

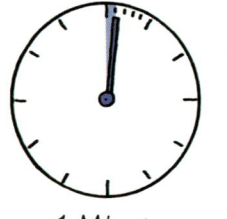

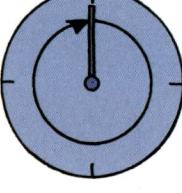

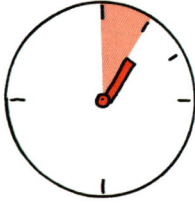

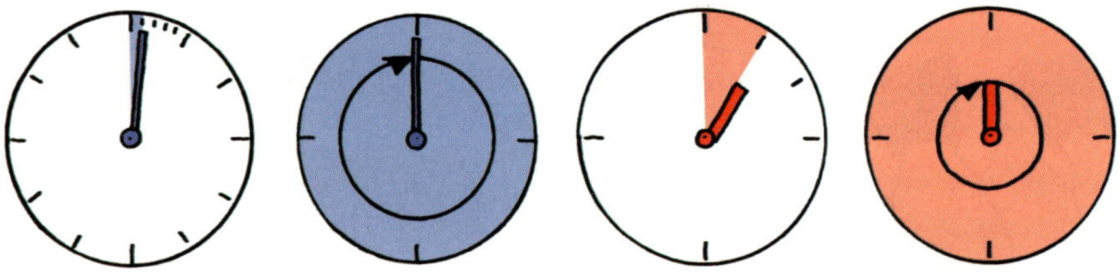

1 Minute — Minutenzeiger
1 Stunde — Minutenzeiger
1 Stunde — Stundenzeiger
12 Stunden — Stundenzeiger

1 Wie oft muss der Stundenzeiger das Zifferblatt umrunden, bis ein ganzer Tag vergangen ist?

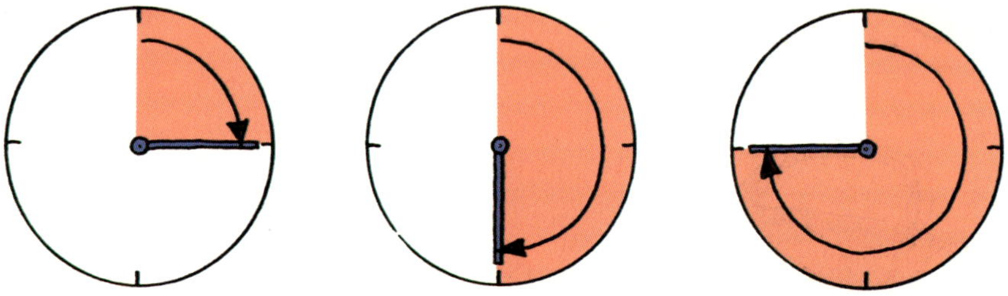

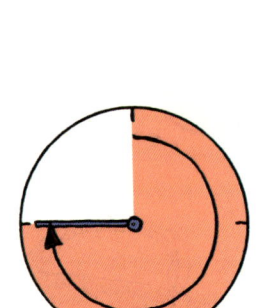

eine Viertelstunde
eine halbe Stunde
eine Dreiviertelstunde

Wenn du die Viertelstunde ablesen willst, musst du auf den Minutenzeiger schauen.

▸ **Übrigens:**

Es gibt auch Uhren mit anderen Zifferblättern. Lies die Zeit ab!

56

morgens oder abends

morgens *abends*

Es gibt nicht nur Uhren mit Zeigern, sondern auch Uhren, die die Zeit mit Ziffern anzeigen. Sie heißen Digitaluhren.

Bei der Digitaluhr kannst du vormittags, mittags, nachmittags, abends und nachts unterscheiden. Sie zeigt alle 24 Stunden an.

1. Turmuhr
2. Bahnhofsuhr
3. digitale Armbanduhr
4. digitaler Wecker
5. goldene Taschenuhr
6. Videorekorder
7. Pendeluhr
8. digitale Küchenuhr

1 Nenne die Uhrzeiten, die die Uhren anzeigen.

2 Immer zwei Uhren zeigen die gleiche Zeit an. Nenne die Paare.

3 Beantworte für jede Uhr folgende Fragen:
- Wie lange dauert es bis zur nächsten vollen Stunde?
- Wie viele Stunden sind seit Mitternacht vergangen?

Eine Zeitleiste herstellen

① Januar	② Februar	③ März	④ April	⑤ Mai	⑥ Juni
Eislaufen	Faschingsfeier	Samen aussäen	Tierpark	Projektwoche	Ausflug
Petra 20.	Toni 5.	Kerstin 27.	Klaus 18.	Heide 6.	Marko 11.

Es ist der 20. Januar. Petra hat heute Geburtstag. Alle freuen sich und gratulieren ihr. Marko will wissen, wer den nächsten Geburtstag feiern darf. Er schaut auf dem Geburtstagskalender in der Klasse nach. Tim ist neugierig, wie lange er noch bis zu seinem Geburtstag warten muss.
Die Kinder haben eine Zeitleiste gezeichnet, in der die Monate, besondere Termine und Feste und die Geburtstage dargestellt sind.

Die Monate kann man als Zeitleiste oder als Kreis darstellen. In dem Jahreskreis auf der nächsten Seite kannst du nachsehen, welches Brauchtum und welche Feste Jahr für Jahr gefeiert werden.

1 Lerne die Namen der Monate in der richtigen Reihenfolge. Merke dir auch die Nummer jedes Monats.

2 Erkundige dich, welche Ereignisse an deinem Wohnort jedes Jahr gefeiert werden.

3 Stellt selbst eine Zeitleiste für die ersten zwei Schuljahre her. Tragt einmalige Ereignisse ein.

⑦ Juli	⑧ August	⑨ September	⑩ Oktober	⑪ November	⑫ Dezember
Sportfest	Ferien!	Schulbeginn	Herbstfeier		Weihnachtsfeier
Tim 12.	Jens 6.	Maximilian 10.	Elena 21.	Mirsad, Heike 30.	Fatma 11.

Wir erkunden die Schulumgebung

Die zweite Klasse der Grundschule will einen Plan von ihrer Schule und der Umgebung zeichnen.
Die Kinder möchten alle Gebäude und den gesamten Schulhof so genau wie möglich in ihren Plan einzeichnen. Bei einem Rundgang wollen sie sich die Schulumgebung noch einmal besonders genau ansehen und einprägen.
In vier Gruppen machen sie sich auf den Weg. Sie sollen möglichst viele Dinge finden, die in den Plan eingezeichnet werden können.

Hier seht ihr, wie die einzelnen Gruppen Beobachtungen sammeln.

Beschreibt wie die Kinder die Schulumgebung erkunden und Beobachtungen sammeln.

1. Besprecht in der Gruppe, was ihr für wichtig haltet.
2. Zeichnet Bilder.
3. Fotografiert besondere Dinge oder Plätze.
4. Schreibt eure Beobachtungen auf.

Die Kinder vergleichen ihre Ergebnisse

Die erste Gruppe hat die Gebäude um den Pausenhof gezeichnet.

Die Kinder der zweiten Gruppe haben die Hecken des Irrgartens hinter der Schule fotografiert.

Von der Straße her sieht die Schule anders aus. Das zeigen die Zeichnungen der dritten Gruppe.

Die vierte Gruppe hat das Gelände am Teich erkundet. Sie haben eine Planskizze gezeichnet.

Im Klassenzimmer stellen die Gruppen ihre Ergebnisse vor. Jede Gruppe berichtet, welche Beobachtungen sie für den Plan gesammelt hat. Die Kinder zeigen ihre Zeichnungen, Fotos und Notizen.

1 Beschreibe und vergleiche die Ergebnisse der Kinder.

2 Finde im Bild auf Seite 62 die Stellen, die die Kinder gezeichnet oder fotografiert haben.

Die Schulklasse versucht mit Hilfe der Lehrerin, die Beobachtungen der einzelnen Gruppen zu einem großen Plan zusammenzufassen. Am besten gelingt das im Sandkasten. Mit Hilfe ihrer Beobachtungen beginnen die Kinder ein Modell der Schule zu bauen.

Baumaterial für das Schulmodell:

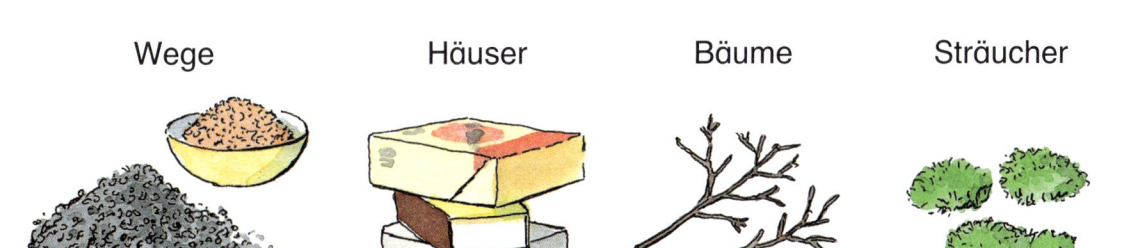

Wege   Häuser   Bäume   Sträucher   Wasser

Mein Schulweg

1. Zeichne deinen Schulweg. Trage ein, was du auf deinem Schulweg siehst. Male auch Verkehrsschilder dazu.
2. Fotografiere oder zeichne besondere Gebäude.

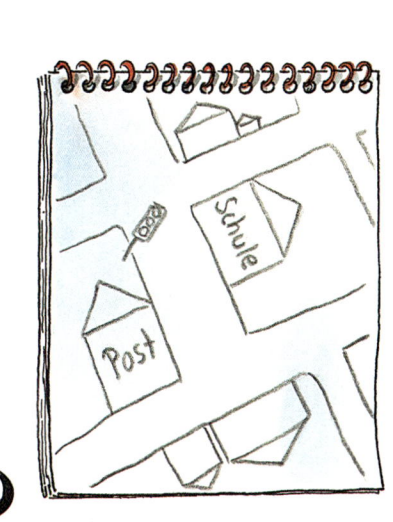

Vom Modell im Sandkasten zum Plan

A Alle Kinder arbeiten am Sandkasten, damit ein Modell ihrer Schule und der Schulumgebung entsteht. Ihre Zeichnungen, Fotos und Skizzen helfen dabei.

B Das Modell im Sandkasten ist endlich fertig. Nun legen die Kinder eine durchsichtige Plexiglasscheibe als Abdeckung über ihr Modell.

C Die Kinder schauen genau senkrecht von oben auf das Modell. Sie zeichnen auf die Plexiglasscheibe die Wege, Straßen und die Umrisse der Häuser.

1. Betrachte die Abbildungen A und B. Welche Abbildung zeigt das Modell in „Schrägsicht" und welche in „Draufsicht"?

D Nun ist der Plan fertig. Die Kinder werden ihn im Klassenzimmer aufhängen.

2. Vergleiche den Plan mit dem Modell und dem Bild auf Seite 62.

Wir benötigen Wasser

In vielen Bereichen im Haus benötigen wir Wasser.
Die Bilder zeigen euch, wozu.

66

Wasser wird für die Körperpflege benötigt: Dazu gehören das Waschen, Baden und Zähneputzen.

Auch zum Reinigen wird Wasser benötigt: Abwaschen, Wäsche waschen, den Fußboden wischen oder die Fenster putzen.

1 Schreibe auf, wozu du täglich Wasser gebrauchst!

Ohne Wasser gibt es kein Leben!

Wasser ist für Menschen, Tiere und Pflanzen lebensnotwenig. Wenn das Wasser fehlt, ist jedes Leben bedroht. Ohne Nahrung können Menschen mehr als zwei Wochen überleben, ohne Wasser nur etwa zwei Tage.

Bei uns herrscht kein Wassermangel. Die Dörfer und Städte werden durch die Fernwasserleitungen ausreichend mit Wasser versorgt. Viele Orte erhalten ihr Trinkwasser aus der näheren Umgebung, zum Beispiel aus Quellen.

Wir brauchen viel Wasser

So viel Wasser gebraucht im Durchschnitt jeder von uns pro Tag:

kochen	abwaschen	reinigen	Hände waschen	baden/duschen	Toilette	waschen
= 5 Liter						
🪣	🪣	🪣🪣	🪣🪣🪣	🪣🪣🪣🪣🪣🪣🪣🪣🪣	🪣🪣🪣🪣🪣🪣	🪣🪣🪣🪣🪣🪣🪣🪣🪣

So können wir Wasser sparen:

Jeder von uns gebraucht täglich sehr viel Wasser, z.B. zum Duschen, Kochen oder um die Toilette zu spülen.

1 Zeichne eine Tabelle in dein Heft und trage die Angaben des Schaubildes ein.

Wasserverbrauch durch	Liter
Kochen	5
Abwaschen	

2 Rechne aus, wie viel Wasser du pro Tag für die Körperpflege benötigst.

Um die Umwelt zu schonen und Geld zu sparen, sollten wir sparsam mit Trinkwasser umgehen. So benötigt man zum Duschen weniger Trinkwasser als zum Baden. Tropfende Wasserhähne müssen repariert werden, damit Wasser nicht ungenutzt wegfließt.
Wasser ist kostbar. Wir dürfen es nicht verschwenden noch verunreinigen.

3 Beschreibe mit Hilfe der Bilder, wie Trinkwasser gespart werden kann.

Trinkwasser muss sauber sein

Unser Trinkwasser muss geschützt werden. Verunreinigungen, die sich einmal im Wasser befinden, lassen sich nur mit viel Aufwand und Geld wieder entfernen. Deshalb werden bei uns die Gebiete geschützt, wo Trinkwasser gewonnen wird. Sie werden Wasserschutzgebiete genannt.

4 Die Fotos zeigen, was in einem Wasserschutzgebiet verboten ist. Erkläre.

Übrigens:

Wenn du in einem Natursee badest, verwende keine Seife und kein Shampoo, um dich zu waschen. Das Wasser wird sonst stark verschmutzt. Gehe nur ins Wasser, wenn das Sonnenöl vollständig eingezogen ist. Am besten benutzt du ein wasserfestes Sonnenöl. Es schadet dem Gewässer am wenigsten.

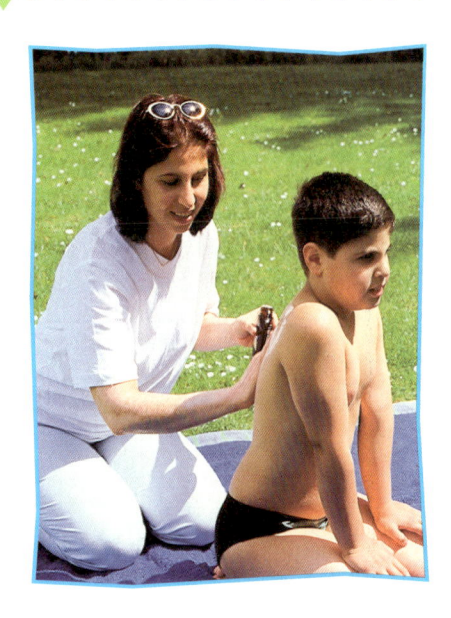

Erfahrungen mit Wasser

Am See

1. Erzähle was du auf dem Bild alles sehen kannst.
2. Was spielst du im Wasser am liebsten?
3. Wo kannst du mit Wasser spielen?

Am Bach

Ein Wasserrad bauen

Du brauchst sechs Eisstiele aus Holz, einen Schaschlikspieß und ein Knetgummi, zwei Astgabeln

1. Rolle das Knetgummi zu einer Kugel.
2. Spieße den Schaschlikspieß als Achse durch die Kugel.
3. Stecke die Eisstiele als Schaufeln sternförmig in die Kugel.

Auch so kannst du das Wasserrad antreiben:

Vorsicht! Spiele nur an ganz kleinen Bächen. Gehe nie allein zum Bach.

So kannst du eine Fähre bauen

Du brauchst ein Holzbrettchen mit einem aufgeklebten Rand aus Holz, Leisten, eine Laufschnur, Fährschnur, zwei Stecken, zwei Ringschrauben, 2 Büroklammern.

1. Drehe die Ringschrauben links und rechts oben in den Holzrand wie auf dem Bild.
2. Knote an die Enden der Zugschnur jeweils eine Büroklammer.
3. Hänge die Laufschnur wie auf dem Bild in die Fähre und die Fährschnur ein. Achte darauf, von welcher Seite das
4. Wasser des Bächleins kommt. Dann treibt die Fähre auf das andere Ufer zu. Hängst du sie um, fährt sie wieder zurück.

Schwimmen und Sinken

Versuche selbst: Was schwimmt? Was sinkt?

So kannst du ausprobieren, ob Stoffe schwimmen oder versinken.

1. Fülle eine Filmdose randvoll mit Wasser und drücke den Deckel auf. In eine andere Filmdose füllst du genauso Styroporbrösel. Stelle jede Dose auf eine Waagschale. Welches geht nach oben?

2. Vergleiche auch eine volle Dose Sand mit der Wasserdose. Probiere anschließend aus, welche Dose schwimmt. Siehst du einen Zusammenhang?

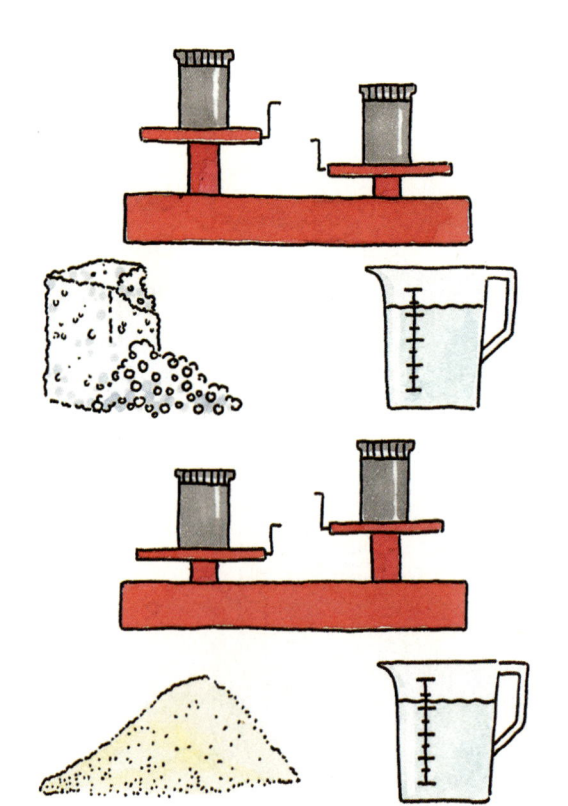

Die Dose mit Styropor schwimmt.

Die Dose mit Sand versinkt.

Stoffe, die leichter sind als Wasser, schwimmen.
Stoffe, die schwerer sind als Wasser, versinken.

Überprüfe selbst verschiedene Materialien

Mit den Filmdosen und der Waage kannst du überprüfen, ob andere Materialien im Wasser schwimmen oder sinken. Du musst die Dosen aber immer randvoll füllen. Was findest du heraus? Schreibe in Spalten!

leichter als Wasser **schwimmt**	schwerer als Wasser **versinkt**
Styropor	
	Sand

Kann Knetgummi doch schwimmen?

Vermute: Können die abgebildeten Knetgummifiguren schwimmen? Forme die Figuren aus Knetgummi nach und setze sie ins Wasser. Was geschieht? Hast du eine Erklärung dafür?

▶ Übrigens:

Tauchboote können in große Tiefen sinken, aber auch wieder aufsteigen. Um schwerer zu werden füllen sie Wasser in Tanks, um aufzusteigen blasen sie die Tanks mit Druckluft wieder leer. Dadurch werden sie leichter. Wenn ein Tauchboot in einer bestimmten Tiefe schweben will, muss es gleich schwer wie das Wasser sein. Probiere es selbst aus. Fülle so viel Sand in eine Dose bis sie im Wasser schwebt. Fülle vorsichtig Sand nach, wenn die Filmdose zu leicht ist, oder entferne etwas Sand, wenn sie zu schwer ist!

Wasser kann sich verwandeln

In der Natur kannst du Wasser in verschiedenen Formen wahrnehmen. Im Winter, wenn es sehr kalt ist, frieren Seen und Teiche zu. Das zuvor flüssige Wasser erstarrt dann zu Eis. Sobald es wärmer wird schmilzt das Eis und verwandelt sich wieder in Wasser. Wenn es im Sommer mehrere Tage heiß war, können wir bemerken, dass das Wasser in den Seen und Teichen weniger geworden ist. Durch die Wärme ist das Wasser unsichtbar in die Luft verdunstet.

1 Beschreibe die Abbildungen. In welcher Form kannst du hier Wasser erkennen?

2 Finde passende Bilder in Fotoalben, Büchern und Kalendern. Stellt eine Ausstellung zusammen.

3 Beschreibe, wie der Teich sich in den drei Jahreszeiten verändert hat.

4 Erkläre die Veränderungen.

74

Gefrieren und auftauen - Wasser wird fest und wieder flüssig.

1 Suche dir zu Hause eine Gefrierform. Fülle sie mit Wasser uns stelle sie über Nacht in das Tiefkühlfach.

2 Bringe deine Eisform in die Schule mit. Dazu musst du sie gut verpacken. Wickle sie in Zeitungspapier ein. Oder fallen dir noch andere Möglichkeiten ein? Vorsicht! Trage deine Eisformen in einem eigenen Beutel.

Beobachtet: Welche Eisformen schmelzen schneller? Wie kann man das Auftauen beschleunigen? Wie kann man es verzögern?

Verdunsten - Wasser wird gasförmig

Bei Wärme verdunstet Wasser. Es wird gasförmig und ist für uns unsichtbar.

1 Fülle einen Teller und ein Glas mit der gleichen Menge Wasser und lasse sie einige Tage auf der Heizung stehen.

2 Was beobachtest du?

Verdampfen und kondensieren - Wasser wird gasförmig und wieder flüssig

Wenn Wasser kocht, verdampft es. Auch hier wird Wasser gasförmig. Der Dampf ist sehr heiß, deshalb darf nur ein Erwachsener diesen Versuch machen. Wenn er vorsichtig ein Glas in den Dampf hält, schlagen sich sofort Wassertropfen nieder. Diesen Vorgang nennt man kondensieren.

Wasser kann in verschiedenen Zustandsformen vorkommen.
Es kann flüssig, fest oder gasförmig sein.

Gefährliche Flüssigkeiten

Kind trinkt Putzmittel

Schrecklicher Unfall. Kind trank Putzmittel und musste mit einer lebensgefährlichen Vergiftung ins Krankenhaus eingeliefert werden.

Traunstein - Ein 8-jähriger Junge befand sich gestern Nachmittag allein zu Hause. Als er großen Durst verspürte, trank er aus einer Limonadenflasche, die am Küchentisch stand. Er sah der durchsichtigen Flüssigkeit nicht an, dass es sich um Putzmittel handelte. Erst nach einem kräftigen Schluck bemerkte er den üblen Geschmack und verspürte sofort heftige Schmerzen im Hals. Sein Schreien machte eine Nachbarin auf den Unfall aufmerksam. Sie rief umgehend den Notarzt. Das lebensgefährlich vergiftete Kind wurde ins Krankenhaus eingeliefert. Die inzwischen heimgekehrte Mutter macht sich große Vorwürfe, dass sie Putzmittel in die Limonadenflasche abgefüllt hatte.

F leicht entflammbar

T giftig

Xi reizend

C ätzend

Vorsicht! Fülle nie Flüssigkeiten in Getränkeflaschen!
Trinke nie aus Flaschen sondern immer aus einem Glas!

1 Frage zu Hause nach Flaschen mit einem Gefahrenzeichen. Schreibe auf, um welchen Flüssigkeit es sich handelt.

2 Schaue gemeinsam mit deinen Eltern nach, ob alle Flaschen mit gefährlichem Inhalt sicher aufbewahrt sind.

Wasserlösliche – wasserunlösliche Stoffe

Limonade herstellen

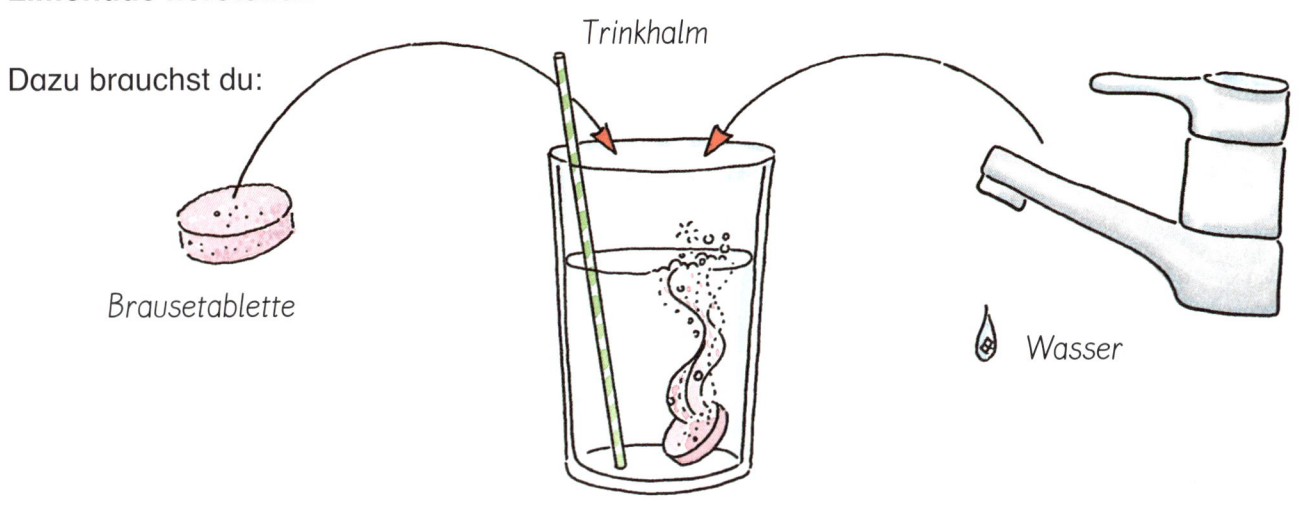

Dazu brauchst du: Brausetablette, Trinkhalm, Wasser

Die Brausetablette löst sich im Wasser auf. Der Trinkhalm löst sich im Wasser nicht auf. Die fertige Limonade ist ein Stoffgemisch. Wir unterscheiden wasserlösliche und wasserunlösliche Stoffe.

Welche Stoffe lösen sich im Wasser und welche Stoffe nicht?

1. Besorge Stoffe, die du untersuchen willst. Schreibe eine Liste.
2. Vermute: Löst sich der Stoff im Wasser oder löst er sich nicht auf? Trage deine Vermutungen in die Liste ein.
3. Versuche nun, jeden Stoff einzeln in einem Glas Wasser aufzulösen.
   Tipp: Manche Stoffe lösen sich leichter in warmen Wasser. Auch Schütteln und Rühren kann helfen.
4. Trage deine Ergebnisse in die Liste ein. Überprüfe, ob du richtig vermutet hast.

Untersuchte Stoffe	Vermutung	löst sich	löst sich nicht
Brausepulver	löst sich	x	
Pfeffer	löst sich vielleicht		x

77

Stoffe mischen – Stoffe trennen

Wir mischen Schmutzwasser

Ihr braucht: einen Krug, einen Kochlöffel, Wasser, Fichtennadeln, Pfeffermehl, Kreidestaub, zerbröseltes Laub und Locherschnippsel

Füllt den Krug mit Wasser, gebt alle Dinge hinein.

Die Stoffe können aus dem Wasser wieder entfernt werden

Absieben
Versuche das Schmutzwasser wieder zu reinigen. Gieße dazu das Schmutzwasser zuerst durch das grobe und dann durch das feine Sieb in ein Glas. Größere Stoffteile bleiben im Netz des Siebes hängen.

Wozu wird in der Küche ein Sieb benutzt?

Filtern
Gieße das abgestandene Wasser vorsichtig durch einen Kaffeefilter in ein anderes Glas. Der Bodensatz darf dabei nicht aufwirbeln. Mit dem Filter werden noch kleinere, im Wasser schwebende Stoffteilchen zurückgehalten.
Was wird bei euch zu Hause gefiltert?

Absetzen lassen
Lasse das abgesiebte Schmutzwasser mindestens 30 Minuten ruhen. Bewege das Glas dabei nicht. Kleinste Teilchen, die etwas schwerer sind als Wasser, setzen sich nach einiger Zeit am Boden des Glases ab.
Hast du das Absetzen schon einmal bei Getränken beobachtet?

Wir lösen Salz im Wasser

Löse einen Teelöffel Salz in einem Glas mit lauwarmen Wasser. Probiere es.

Auch deine Mutter verwendet Salzwasser zum Kochen.

Erkundige sich: Welche Speisen werden in Salzwasser gekocht? Was passiert, wenn beim Kochen etwas Salzwasser auf den Herd spritzt?

Wir gewinnen Salz zurück

A. Verdunsten

Gieße einen Esslöffel Salzwasser auf einen Teller. Stelle den Teller auf eine warme Heizung oder in die Sonne. Schau nach einigen Stunden nach.

B. Verdampfen

Vorsicht! Diesen Versuch darfst du nur durchführen, wenn ein Erwachsener dabei ist!

Gib einen Esslöffel Salzwasser auf eine feuerfeste Schale. Erhitze das Salzwasser bis es verdampft ist.
Was kannst du beobachten?

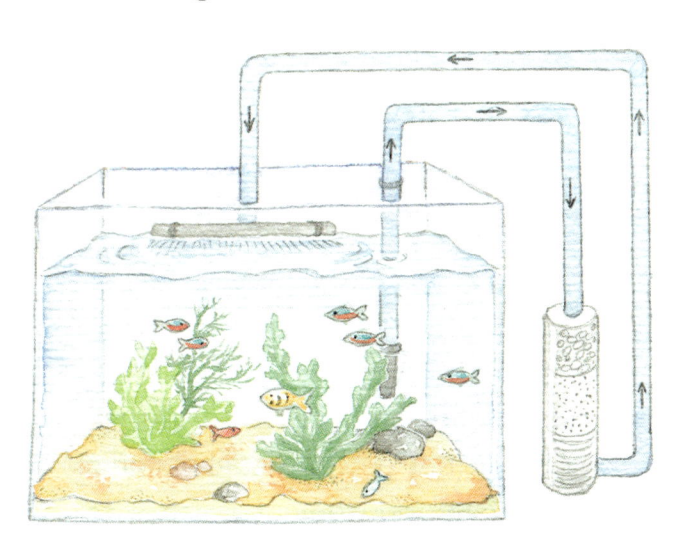

Übrigens:

Auch im Aquarium wird das Wasser von Pflanzenresten und Schmutz gesäubert. Das verschmutzte Wasser wird durch eine Pumpe abgesaugt. Im Filter hält grober Kies größere Schmutzteilchen zurück, feinere Teilchen bleiben in einer Filterwatte hängen. Das gereinigte Wasser wird oben wieder in das Aquarium eingespritzt. Über dem Wasserspiegel sieht man oft einen weißen Rand. Hier ist Wasser verdunstet und hat eine dünne Kalkschicht zurückgelassen.

Einfluss von Wärme und Kälte

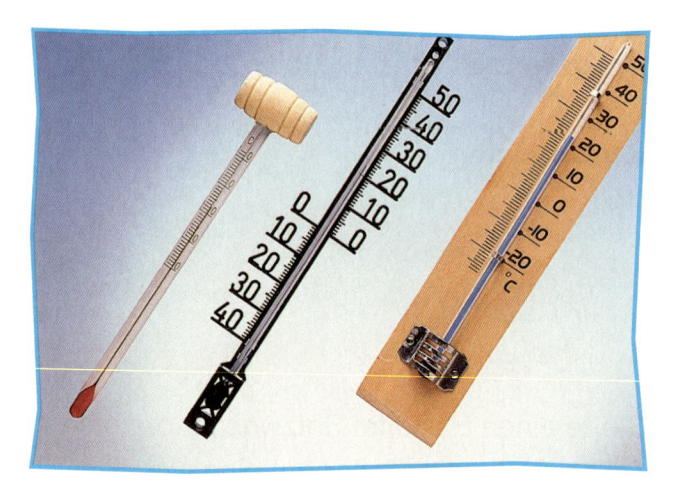

Temperaturen werden mit dem Thermometer gemessen. Bei Erwärmung steigt die Flüssigkeit nach oben. Sie dehnt sich aus.

Mutter hat die warme, flüssige Glasur auf den Kuchen gegossen. Nach dem Abkühlen ist die Kuchenglasur fest geworden.

In einem Lagerfeuer entsteht starke Hitze. In der Mitte verbrennt das Holz. Am Rand ist es nicht so heiß. Dort verkohlt das Holz nur.

Die Kinder haben aus Orangensaft Fruchteis hergestellt. Im Gefrierfach hat sich der Saft zu Eis verfestigt.

Durch die Wärme der Sonne wird das Wachs der Kerze weich. Die Kerze verformt sich.

Das Wasser ist gefroren. Dabei ist es zu Eis geworden. Es hat sich ausgedehnt und die Flasche in Stücke gesprengt.

Ihr braucht: einen Brenner und einen Gefrierschrank oder ein Gefrierfach im Kühlschrank.

Diese Versuche dürfen nur durchgeführt werden, wenn ein Erwachsener dabei ist!

Mit folgenden Materialien könnt ihr Versuche durchführen:
Holz, Papier, Wachs, Wasser oder Zinn. Aber auch Saft, Butter oder Schokolade eignen sich.

Luft in der Flasche

Du brauchst: eine Flasche, einen Luftballon, zwei Schüsseln und kaltes und heißes Wasser.

1. Stülpe den Luftballon über die Flasche.
2. Fülle warmes Wasser in eine Schüssel.
3. Stelle die Flasche in die Schüssel.
4. Beobachte, was passiert.
5. Gib kaltes Wasser in die zweite Schüssel.
6. Nimm die Flasche aus dem warmen Wasser und stelle sie in die Schüssel mit kaltem Wasser. Was geschieht jetzt?

81

Warm oder kalt?

Es ist ein kalter Wintertag. Viele Kinder sind beim Schlittschuhlaufen. Ulrike ist zu Hause geblieben. Sie sieht auf das Thermometer im Wohnzimmer. „Nur 21° Grad. Kein Wunder, dass es mir kalt ist." Ihr Bruder Uwe kommt vom Eislaufen nach Hause. Als er in das Zimmer tritt, beschlägt seine Brille sofort. Er sagt zu Ulrike: „Hier ist es schön warm!"

1 Betrachte die Bilder und lies die Geschichte daneben!

2 Wie empfinden die Kinder die Temperaturen?

Wärme und Kälte empfinden

Ihr braucht: drei Schüsseln; kaltes, lauwarmes und warmes Wasser.

1. Füllt je eine Schüssel mit kaltem, lauwarmem und warmem Wasser!
2. Zwei Kinder halten ihre Hände in die äußeren Schüsseln.
3. Nach einer Minute greifen sie mit einer Hand in die mittlere Schüssel.
4. Die Kinder sagen, ob sie das Wasser in der mittleren Schüssel als warm oder kalt empfinden.

82

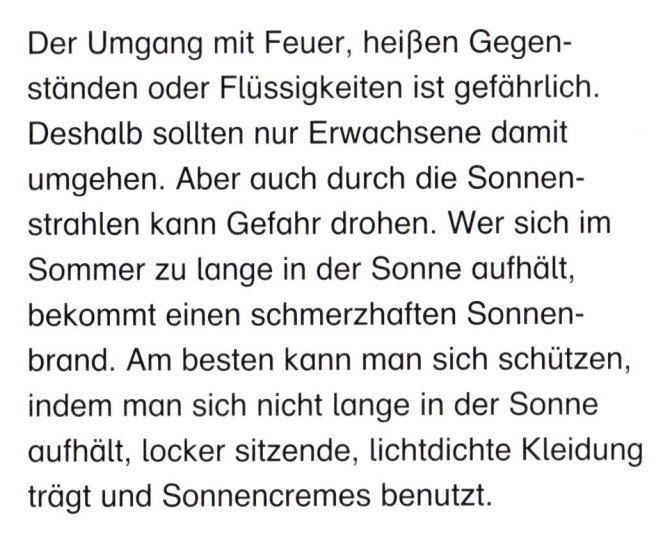

Der Umgang mit Feuer, heißen Gegenständen oder Flüssigkeiten ist gefährlich. Deshalb sollten nur Erwachsene damit umgehen. Aber auch durch die Sonnenstrahlen kann Gefahr drohen. Wer sich im Sommer zu lange in der Sonne aufhält, bekommt einen schmerzhaften Sonnenbrand. Am besten kann man sich schützen, indem man sich nicht lange in der Sonne aufhält, locker sitzende, lichtdichte Kleidung trägt und Sonnencremes benutzt.

Auch bei niedrigen Temperaturen drohen Gefahren.
Wer bei Kälte und Frost zu dünne Kleidung trägt, erkältet sich. Bei besonders tiefen Temperaturen und nasser Kleidung, zum Beispiel wenn die Handschuhe nass sind, kann es zu Erfrierungen der Haut kommen. Lebensgefahr durch Unterkühlung droht, wenn die gesamte Kleidung nass ist.

Übrigens:

Au, das brennt! Erschrocken zieht Martin seine verbrannten Finger zurück und schreit.

Er hält die verbrannten Finger sofort unter kaltes Wasser, bis die Schmerzen deutlich nachlassen.

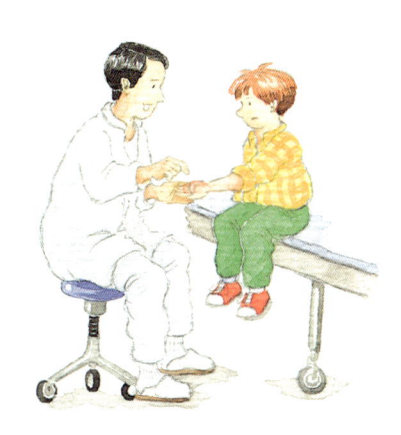

Lassen die Schmerzen nicht nach, muss Martin zu einem Arzt gehen, der die Wunde versorgt.

Bei Verbrennungen das Wasser mindestens 15 Minuten lang, über die verbrannte Haut laufen lassen!

Wir messen Temperaturen

Karin und Michael waschen sich die Hände. Michael sagt: „Puh, ist das Wasser aber kalt!" „Ich finde, es ist nicht kalt", antwortet Karin. Wer hat wohl Recht?

1 Messt die Temperatur des Leitungswasser im Klassenraum.

Die Kinder wollen wissen, welche Temperatur das Leitungswasser hat und füllen es in ein Gefäß. Mit einem Thermometer wird gemessen. Am Ende des blauen Striches liest Maren die Zahl 16 ab. Die Lehrerin erklärt: „Das Wasser hat eine Temperatur von 16 Grad."

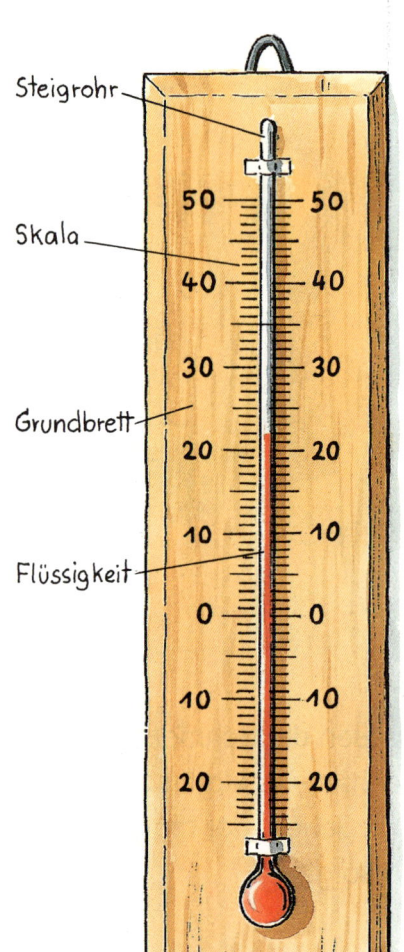

An einem Modell lernen die Kinder die Teile eines Thermometers kennen.
Auf dem Haltebrett ist das Glasröhrchen befestigt. Darin befindet sich die Flüssigkeit, die meistens rot oder blau ist. Wie eine Leiter sind gleichmäßige Striche und Zahlen aufgezeichnet. Das ist die Skala.

2 Welche Temperatur liest du ab?

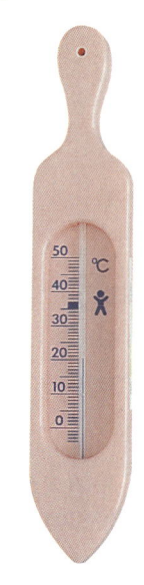

Steigrohr
Skala
Grundbrett
Flüssigkeit

84

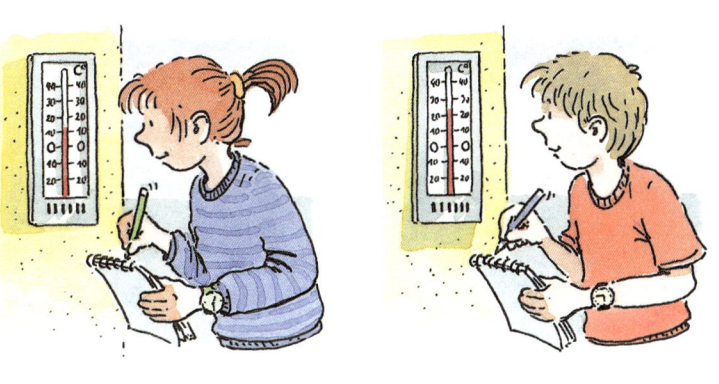

100°C Wasser kocht und verdampft
40°C Hitzerekord in Deutschland
22°C Schwimmbad
8°C Kühlschrank
0°C Wasser gefriert und wird zu Eis
−18°C Tiefkühltruhe
Kälterekord in Deutschland −38°C

Im Sommer ist es wärmer, im Winter kälter, das weiß jeder. Doch verändert sich die Temperatur auch innerhalb einer Woche? Legt einen Beobachtungsbogen an und tragt täglich die Früh-, Mittags- und Abendtemperaturen ein. Bestimmt jeden Tag ein Kind, das die Abendtemperatur zu Hause misst und sie am nächsten Morgen einträgt.

	Montag	Dienstag	Mittwoch	Donnerstag	Freitag
Früh					
Mittag					
Abend					

Bauanleitung für ein Thermometer

So könnt ihr ein einfaches Thermometermodell bauen. Ihr braucht dazu: ein Glas mit Deckel, Klebstoff, einen dünnen Trinkhalm, einen Dosenlocher, gefärbtes Wasser.

1. Drückt ein Loch in den Deckel.
2. Füllt das Glas mit dem gefärbten Wasser randvoll.
3.
4. Steckt den Halm durch das Loch.
5. Dichtet mit Klebstoff ab.
6. Stellt das Thermometer in die Sonne oder auf die Heizung. Beobachtet!

Stichwortverzeichnis

A

Abendessen	30
absetzen	78
Absieben	78
Amsel	44, 45, 49
Ananas	16
Äpfel	14, 16
Aquarium	79
auftauen	75
auspflanzen	52

B

Banane	14, 16
Betriebssicherheit	37
Birne	16
Blatt	18
Blaukraut	18
Blüte	50
Blütenpflanze	46
Bohne	18
Brombeere	16, 48
Buschwindröschen	46

D

Digitaluhren	57
Dornen	48

E

Eichelhäher	49
Eichhörnchen	49
Eier	20, 44
Eis	80
Erdbeere	16
Ernährungskreis	20

F

Fähre	71
Fahrrad	36, 37
Feige	16
Ferienprogramm	28
fest	75
Fett	10, 20, 21
Feuer	83
Feuerwehr	23
filtern	78
Fisch	20
Fleisch	20
flüssig	75
Freizeit	28, 29
Frost	83
Frucht	18, 48, 50
Fuchsbandwurm	53

G

Geburtstag	12, 31, 58
gefrieren	75
Geld	22
Gemüse	10, 14, 18, 19, 20
Getränke	11, 20
Getreide	10, 20
Gurke	18

H

Hagebutten-marmelade	50
Hartriegel	53
Haselnuss	49
Haustier	35, 36
Hecke	40, 42, 46, 48, 49, 53
Heckenrose	48, 50, 52
Himbeere	16
Hobby	28
Holunder	49, 53
Hund	36

I

Inhaltsstoffe	10

J

Jahreskreis	58
Japan	13
Johannisbeere	16

K

Kälte	80, 82, 83
Karotten	18
Kartoffel	20, 21
Kartoffelpizza	12
Katze	36
Kerzenuhr	54
Kirsche	16
Kiwi	16
Kohlrabi	18
kondensieren	75
Kopfsalat	18
Körperpflege	67
Kräuter	41, 46
Kreuzspinne	43
Kreuzung	38

L

Lagerfeuer	80
Laufkäfer	42
Leberblümchen	47
Lerchensporn	46
Liguster	53
Limonade	77

M

Mandarine	16
Mango	16
Maus	42, 43, 49
Mauswiesel	42, 43
Meerschweinchen	35
Milch	10, 20
Minute	56
Modell	64

N

Nährstoffe	20
Nahrung	10, 20, 42
Nahrungskette	43
Namensschiffchen	12
Nest	44

O

Obst	10, 14, 16, 17, 20
Öl	20
Orange	16

P

Pfaffenhütchen	53
Pfirsich	16
Pflaume	16
Pflege	36
Plan	60, 62, 64, 65
Putzmittel	76

R

Radieschen	18
Regeln	30
Rotkehlchen	43

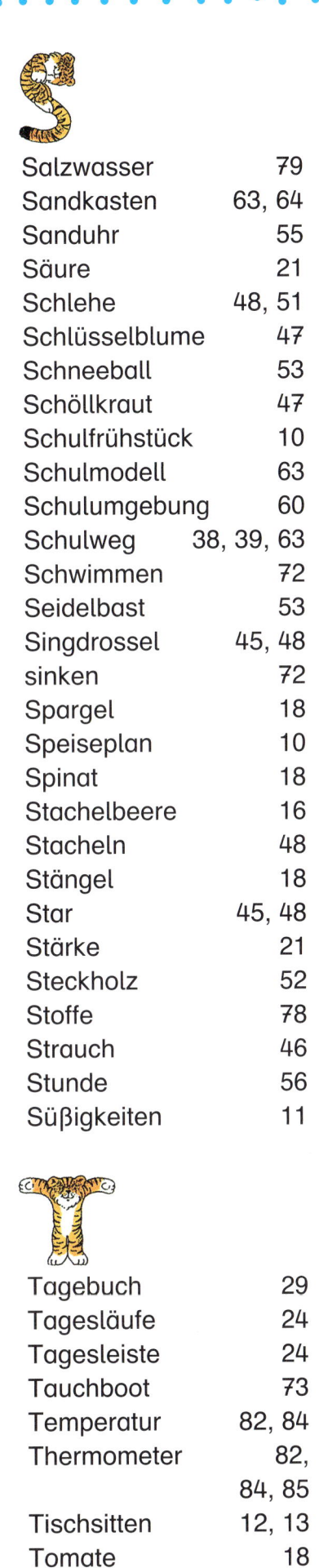

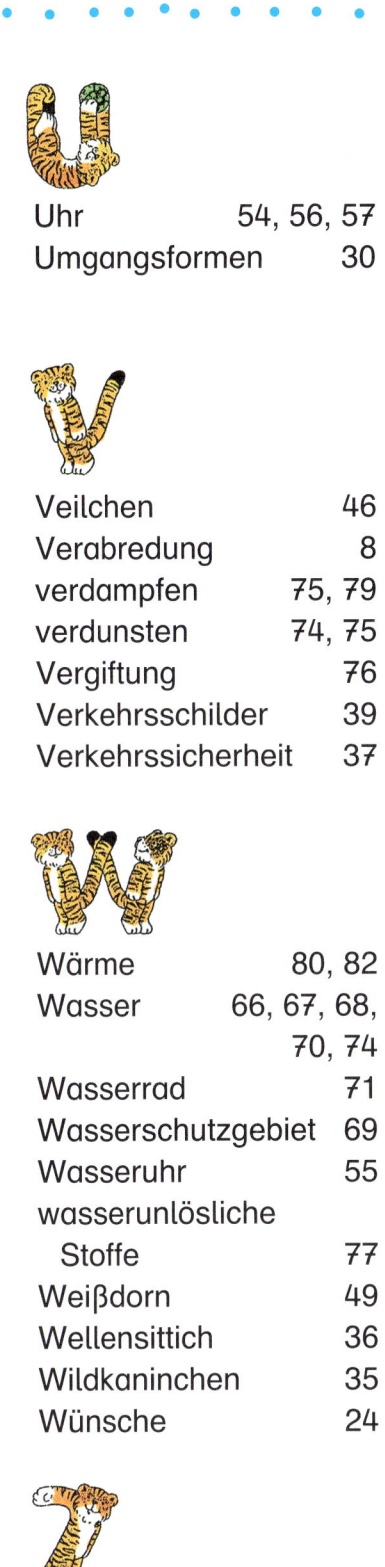

S

Salzwasser	79
Sandkasten	63, 64
Sanduhr	55
Säure	21
Schlehe	48, 51
Schlüsselblume	47
Schneeball	53
Schöllkraut	47
Schulfrühstück	10
Schulmodell	63
Schulumgebung	60
Schulweg	38, 39, 63
Schwimmen	72
Seidelbast	53
Singdrossel	45, 48
sinken	72
Spargel	18
Speiseplan	10
Spinat	18
Stachelbeere	16
Stacheln	48
Stängel	18
Star	45, 48
Stärke	21
Steckholz	52
Stoffe	78
Strauch	46
Stunde	56
Süßigkeiten	11

T

Tagebuch	29
Tagesläufe	24
Tagesleiste	24
Tauchboot	73
Temperatur	82, 84
Thermometer	82, 84, 85
Tischsitten	12, 13
Tomate	18
Trinkwasser	67, 68, 69

U

Uhr	54, 56, 57
Umgangsformen	30

V

Veilchen	46
Verabredung	8
verdampfen	75, 79
verdunsten	74, 75
Vergiftung	76
Verkehrsschilder	39
Verkehrssicherheit	37

W

Wärme	80, 82
Wasser	66, 67, 68, 70, 74
Wasserrad	71
Wasserschutzgebiet	69
Wasseruhr	55
wasserunlösliche Stoffe	77
Weißdorn	49
Wellensittich	36
Wildkaninchen	35
Wünsche	24

Z

Zeitleiste	58
Zucchini	18
Zucker	10, 11, 21
Zwergkaninchen	34, 35

KLEEBLATT • Bayern

Das Sachbuch
Jahrgangsstufe 2

Bearbeitet von
Roland Blaufelder · Lothar Brey · Rolf Kimberger · Alfons Miethaner · Manfred Pappler · Anneliese Pollak · Christa Weinzierl

Beratung:
Leonard Blaum

Illustrationen:
Klaus Bliesener · Anne Ebert · Heike Heimrich · Burkhard Kracke · Birgitta Nicolas ·
Bärbel Schneider-Rank · Gabriele Timm

Umschlaggestaltung:
Angelika Çıtak

Fotonachweis:
S. 8, M.Fabian; S. 13 u., dpa/Mayer; S. 20, M.Fabian; S. 23 l., SILVESTRIS; S. 23 r., Studio Schmidt-Lohmann; S. 33, M.Fabian; S. 34 o., Reinhard-Tierfoto; S. 34 Mitte, M. Fabian; S. 35 o., Reinhard Tierfoto; S. 35 u., SILVESTRIS/K. Wothe; S. 37, Studio Schmidt-Lohmann; S. 38 u., Studio Schmidt-Lohmann; S. 39 u., M.Fabian; S. 42 o.l., Reinhard-Tierfoto; S. 42 o.r., SILVESTRIS/Singer; S. 42 u.l., SILVESTRIS/Lacz; S. 42 u.r., SILVESTRIS/Hecker,F.; S. 43 o.l., SILVESTRIS/ Giel, O.; S. 43 u.l., SILVESTRIS/Bühler; S. 44 u.l., Tönnies; S. 44 u.r., SILVESTRIS/Wilmshurst; S. 45 o.l., Cramm; S. 45 o.r., SILVESTRIS/ Wilmshurst; S. 46 Mitte, Weber; S. 46 o.u.u., Tönnies; S. 47 o.u.Mitte, Tönnies; S. 47 u.,Wellinghorst; S. 50 o., Tönnies; S. 51 o., Tönnies; S. 53, 1. Reihe, Tönnies; S. 53, 2. Reihe l., SILVESTRIS/Jakobi; S. 53, 2. Reihe Mitte u.r., Tönnies; S. 55, M.Fabian; S. 67 u.l., SILVESTRIS; S. 67 u.r., Tönnies; S. 69 o.l.u.r., Tönnies; S. 69, 2. Reihe l., Tönnies; S. 69, 2. Reihe Mitte u.r., Studio Schmidt-Lohmann; S. 69 u.l., Tönnies; S. 69 u.r., Studio Schmidt-Lohmann S. 73 u.l., Mauritius/Photri; S. 74, Tönnies; S. 75 o.u. Mitte, Studio Schmidt Lohmann; S. 75 u., Tegen; S. 80, 1. Reihe l.u.r., Studio Schmidt-Lohmann; S. 80, 2. Reihe l., SILVESTRIS/Bühler; S. 80, 2. Reihe r., Studio Schmidt-Lohmann; S. 80, 3. Reihe, Studio Schmidt-Lohmann; S. 84, M.Fabian.

ISBN 3-507-**99787**-8

© 2000 Schroedel Verlag GmbH, Hannover

Alle Rechte vorbehalten. Dieses Werk sowie einzelne Teile desselben sind urheberrechtlich geschützt.
Jede Verwertung in anderen als den gesetzlich zugelassenen Fällen ist ohne vorherige schriftliche Zustimmung des Verlages nicht zulässig.

Druck A $^{5\,4\,3\,2\,1}$ / 2004 03 02 01 00

Alle Drucke der Serie A sind im Unterricht parallel verwendbar,
da bis auf die Behebung von Druckfehlern untereinander unverändert.

Herstellung: klr, Lengerich